Com que corpo eu vou?

Sociabilidade e usos do corpo nas mulheres das camadas altas e populares

PUC
RIO

Reitor
Pe. Josafá Carlos de Siqueira, S.J.

Vice-Reitor
Pe. Francisco Ivern Simó, S.J.

Vice-Reitor para Assuntos Acadêmicos
Prof. José Ricardo Bergmann

Vice-Reitor para Assuntos Administrativos
Prof. Luiz Carlos Scavarda do Carmo

Vice-Reitor para Assuntos Comunitários
Prof. Augusto Luiz Duarte Lopes Sampaio

Vice-Reitor para Assuntos de Desenvolvimento
Sergio de Almeida Bruni

Decanos
Prof. Paulo Fernando Carneiro de Andrade (CTCH)
Prof. Luiz Roberto A. Cunha (CCS)
Prof. Reinaldo Calixto de Campos (CTC)
Prof. Hilton Augusto Koch (CCBM)

Joana de Vilhena Novaes

Com que corpo eu vou?

Sociabilidade e usos do corpo nas mulheres
das camadas altas e populares

© Editora PUC-Rio
Rua Marquês de S. Vicente, 225
Projeto Comunicar – Casa Editora/Agência
Gávea – Rio de Janeiro – RJ – CEP 22453-900
Telefax: (21) 3527-1760/1838
Site: www.puc-rio.br/editorapucrio
E-mail: edpucrio@puc-rio.br

Conselho Editorial
Augusto Sampaio, Cesar Romero Jacob, Fernando Sá, José Ricardo Bergmann, Luiz Roberto Cunha, Maria Clara Lucchetti Bingemer, Miguel Pereira e Reinaldo Calixto de Campos.

Revisão de originais e provas
Debora Fleck e Nina Lua Ferreira

Design de capa
Luis Saguar e Rose Araujo

Projeto gráfico de capa e miolo
Flavia da Matta Design

Ilustrações de capa
Luis Saguar

© Pallas Editora
Rua Frederico de Albuquerque, 56
Higienópolis – Rio de Janeiro – RJ – CEP 21050-840
Tel.: (21) 2270-0186
Site: www.pallaseditora.com.br
E-mail: pallas@pallaseditora.com.br

Editores
Cristina Fernandes Warth e Mariana Warth

Produção editorial
Aron Balmas, Rafaella Lemos e Silvia Rebello

Todos os direitos reservados. Nenhuma parte desta obra pode ser reproduzida ou transmitida por quaisquer meios (eletrônico ou mecânico, incluindo fotocópia e gravação) ou arquivada em qualquer sistema ou banco de dados sem permissão escrita da Editora.

(Este livro segue as novas regras do Acordo Ortográfico da Língua Portuguesa.)

ISBN Ed. PUC-Rio: 978-85-8006-019-5
ISBN Pallas: 978-85-347-0460-1

Com que corpo eu vou? : sociabilidade e usos do corpo nas mulheres das camadas altas e populares / Joana de Vilhena Novaes. – Rio de Janeiro : Ed. PUC-Rio : Pallas, 2010.
   214 p. : il. ; 21 cm
   Inclui bibliografia
   1. Corpo humano – Aspectos sociais. 2. Beleza feminina (Estética). 3. Imagem corporal em mulheres. I Título.

CDD: 391.6

Sumário

7 Apresentação

15 Introdução ou o corpo e suas histórias

29 **1** Para cada época um corpo... Para cada cultura uma estética... Para cada mulher uma forma

63 **2** Meu corpo como prisão. Conformismo e resistência na ditadura da beleza

105 **3** Na trama da cultura. Corpo, estética e classe social

131 **4** Entre becos e vielas, uma nova geografia do corpo

203 Referências bibliográficas

Apresentação

Com que corpo eu vou? revela mais uma vez a competência de Joana Novaes em perquirir um tema que atravessa a pirâmide social de alto a baixo. Gordura, magreza, beleza e feiura são conceitos presentes nas diferentes camadas, porém apropriados diferentemente por cada uma delas. Ao debruçar-se sobre questões com as quais tem a mais sólida intimidade, resultante de inúmeras pesquisas anteriores, Joana dá voz a diferentes atores sociais, emprestando-lhes um canal para se manifestar, cotejando suas respostas, analisando as percepções que têm do próprio corpo e interpretando os resultados. E o faz de forma avisada, inteligente e elegante. Ancorada em bibliografia consistente, a autora faz dialogar autores internacionais e nacionais para deles extrair a melhor forma de meditar sobre nossa realidade. E uma tal avaliação leva-a a sublinhar que a discordância entre os discursos das "magrelas" de classe média e dos "filés" das comunidades bem representa um debate mais amplo que, na atualidade, envolve o saber de médicos, psicólogos, sociólogos e historiadores. Saberes capazes de entrelaçar investigações na área de biomédicas e na de Ciências Humanas e que resultam em livros tão bons quanto este.

    Os historiadores reconhecerão neste trabalho temas de longa duração, que vêm atravessando os séculos. A definição social da boa corpulência (*l'embonpoint* ou em-bom-estado) foi, no passado, bem outra. Lembremos, por exemplo, que a entrada do açúcar e da batata no cardápio europeu modificou os modelos de beleza feminina. O historiador Jean-Louis Flandrin foi o primeiro a apontar a transformação sofrida pelos cânones estéticos, por meio da introdução destes lipídios. Entre os séculos XVI e XVIII, a Europa abandonava os seios pequenos e quadris estreitos das mulheres retratadas por pintores como Dürer, para mergulhar nas dobras rosadas das "gordinhas" de Rubens e Rembrandt. Gordura não era só sinônimo de beleza, mas, também, de distinção social. Nas sociedades do Antigo Regime, os indivíduos se distinguiam por sua capacidade em escolher determinados alimentos, em detrimento de outros. A nobreza podia se dar ao luxo de consumir cremes, manteiga, açúcar e molhos ácidos e temperados. Os pobres cozinhavam o pouco que comiam com banha. Os derivados da cana, por sua vez, eram tão caros que só podiam ser consumidos como remédio. Nestas sociedades, o regime das elites ditava um ideal feminino que andava de par com a corpulência das grandes damas. Não havia formosura sem gordura! E gordura era sinônimo de riqueza.

Apesar das preocupações higienistas alimentarem a moda da gordinha – engordavam-se as mulheres muito magras, pois se temia que essas ficassem anêmicas ou histéricas –, a obesidade começava a provocar, em meados do século XIX, interjeições negativas. Sobre as baianas, "os maiores espécimes da raça humana", dizia um estarrecido viajante estrangeiro de passagem pelo Brasil que essas pesavam mais de duzentas libras e andavam "sacudindo suas carnes na rua, e a grossa circunferência de seus braços". As mulheres brancas eram descritas por observadores estrangeiros como possuidoras de um corpo negligenciado, corpulento e pesado, emoldurado por um rosto precocemente envelhecido. As causas eram várias: a indolência, os banhos quentes, o amor à comodidade, o ócio excessivo desfrutado numa sociedade escravista, o matrimônio e a maternidade precoces, as formas de lazer e de sociabilidade que não estimulavam o exercício físico, o confinamento ao lar impregnado de apatia onde prevalecia o hábito de "desfrutar de uma sesta, ou cochilo depois do jantar", como explicava, em 1821, o inglês James Henderson.

Apesar do declarado horror à obesidade, os viajantes estrangeiros reconheciam, contudo, que o modelo "cheio", arredondado, correspondia ao ideal de beleza dos brasileiros, o que explicavam pela decorrência do gosto de seus ancestrais. Gorda e bela eram qualidades sinônimas para os "latinos meridionais", e para explicar essa queda pela exuberância era invocada a influência do sangue mourisco. Dizia-se que o maior elogio que se podia fazer a uma dama no país era estar a cada dia "mais gorda e mais bonita", "coisa – segundo o inglês Richard Burton, cônsul do Império britânico em 1893 – que cedo acontece à maioria delas".

Gilberto Freyre chega a dizer, com graça, que as "vastas e ostensivas ancas" das matronas brasileiras eram verdadeiras "insígnias aristocráticas". A "descadeirada" sendo olhada como deficiente de corpo! A mulher de formas mais salientes tendia a ser considerada a mais ortodoxamente feminina. Ancas eram o símbolo da mulher sexuada, desejável e fecunda. Feliz prisioneira dessas formas, ela sublinhava a relação entre sua conformação anatômica e sua função biológica e, ao mesmo tempo, sagrada: reproduzir, procriar, perpetuar.

O século XX trouxe transformações. Desde o início do século, na Europa, multiplicavam-se os ginásios, os professores de ginástica, os manuais de medicina que chamavam atenção para as vantagens físicas e morais dos exercícios. As ideias de teóricos importantes como Tissot ou Pestalozzi corriam o mundo.

Uma nova atenção voltada à análise dos músculos e das articulações graduava os exercícios, racionalizando e programando seu aprendizado. Não se desperdiçava mais força na desordem de gesticulações livres. Os novos métodos de ginástica investiam em potencializar as forças físicas, e as mulheres começam a pedalar ou a jogar tênis na Europa. Não faltou quem achasse a novidade imoral, uma degenerescência e, até mesmo, pecado.

Na Europa, de onde vinham todas as modas, a entrada da mulher no mundo do exercício físico, do exercício sobre bicicletas, nas quadras de tênis, nas piscinas e praias, trouxe também a aprovação de corpos esbeltos, leves e delicados. Tinha início a perseguição ao chamado *embonpoint* – os quilinhos a mais –, mesmo que discreto. O estilo "tubo" valorizava curvas graciosas e bem lançadas. Regime e musculação começavam a modelar as compleições esguias que passam a caracterizar a mulher moderna, desembaraçada do espartilho e, ao mesmo tempo, de sua gordura decorativa. As pesadas matronas de Renoir são substituídas pelas sílfides de Degas. Insidiosamente, a norma estética emagrece, endurece, masculiniza o corpo feminino, deixando a "ampulheta" para trás.

Melhorar as capacidades do corpo, exercícios e cuidados com a pele existem na literatura médica desde Hipócrates e migraram daí para os tratados de educação e saúde da Idade Média e do Renascimento. Tudo bem que as técnicas de ontem são, hoje, consideradas suaves: dança e caminhadas. Interessante é que, no passado, o exercício não era jamais emprestado ao mundo masculino, mas ao feminino. Varrer o quintal e esfregar o chão era tido por ginástica eficiente e útil. Recomendavam-se técnicas passivas extraídas das atividades diárias: se deixar sacudir, numa carroça, por exemplo, para tonificar os músculos. Enfim, exercícios tão passivos quanto aqueles a que nos submetemos ao ligar nossos corpos aos eletrodos de cintas que prometem milagres.

A magreza, por sua vez, remetia à doença, a consumição, a tísica, a anemia e a clorose: doenças que enfeavam e matavam homens e mulheres. Pior, a magreza tinha uma conotação psicológica. Remetia a mesquinharia, a avareza ou a ambição desenfreada. Não faltam exemplos na pintura e na literatura nos quais os maus são sempre magros, esqueléticos, as mãos em garra, a fisionomia enrugada. Tinha algo pior do que ser chamado de "seco de ruim"? Informações como estas simplesmente confirmam que esculpimos nossos corpos de acordo com a cultura na qual estamos inscritos – o que Joana Novaes sublinha com competência nesta obra. Que a definição social do corpo ideal mudou ao longo dos tempos. Mas será que o desejo de ser magro e a reprovação da gordura são fenômenos exclusivamente modernos?

Resposta: não. Há uma longa tradição de abstinência alimentar em nosso mundo ocidental cristão. Abstinência que pode ser parcial, total, episódica ou permanente. A origem? A mística religiosa. Mística que previa que se o corpo é o único obstáculo à salvação eterna – pois ele é ruim e sujo –, melhor fazê-lo desaparecer. Daí um número infinito de martírios aos quais os fiéis se impunham, na perspectiva de ganhar os céus. Para que o corpo se tornasse alma. Para desencarnar. O caminho mais rápido? Parar de comer. Desde a Idade Média, a privação alimentar era a punição mais imediata. Tinha gente que jejuava à base de pão e água. Ingerir líquidos fétidos era outra forma de privação. Engolir só hóstias consagradas, outra mais. Vivo, o místico preparava a sua morte. A abstinência lhe dava a sensação de ser mestre, e não escravo, de seu corpo. Era o espírito dominando a carne. Esta era uma maneira anoréxica de se estar no mundo, com o simples objetivo de escapar dele. A anorexia mística era uma forma de aproximar-se de Deus, afastando-se dos homens. E via-se nesta domesticação das necessidades físicas uma forma de santidade.

Hoje a anorexia continua a se transformar. Místicas, cloróticas e anoréxicas são apenas parte de uma imensa constelação ainda não totalmente conhecida. Longe das beldades arredondadas que foram as nossas avós, a magreza que antecede a anorexia está em todas as imagens que nos cercam: magnificada, onipresente, um verdadeiro suporte para todas as mercadorias. Nua, lisa, sem dobras, bela, corrigida, maquilada, quase deificada, ela reina. É suporte natural para a sedução, o desejo e a sensualidade. Os corpos magros são jovens, belos e ...vazios! Diferentes do corpo das místicas, plenos de fé, sua evidência está ligada apenas ao consumo. Mas até quando?

Joana Novaes demonstra que este longo e complexo tema se enraíza de forma singular na mentalidade e na cultura de mulheres de distintos grupos sociais. E sabemos que, se assim acontece, é porque temos explicações históricas para tal. O *embonpoint*, as "cadeirudas", as calipígias continuam "na moda" entre as camadas subalternas, numa longa tradição de apego à gordura. "Cheinhas", sinuosas, "tchutchucas" correspondem, há quinhentos anos, ao padrão de beleza construído pelo olhar do Outro: o homem, o caçador, aquele que deseja. A "magrinha" não enseja apetite e, pior, estaria "passando fome", como diz uma das entrevistadas pela autora. Nas camadas altas, as mulheres se alimentam de "elogios", bastando tomar um copo e cheirar uma rosa para estar em forma.

O fascinante *patchwork* de discursos cuidadosamente costurado por Joana nos permite ver os contrastes entre mundos que se imbricam: a favela e o asfalto, a patroa e a empregada. Um é a realidade invertida do outro. Para as mulheres de camadas subalternas, as magras são as feias. Para as da zona sul, as gordas o são! Mulher Melancia *versus la* Bündchen. A clivagem econômica e tudo o que ela contém de representações simbólicas ajuda a desenhar os padrões do feio & bonito. E o mais importante:

não há beleza ou feiura absolutas. Não existem sistemas de apreciação que façam a unanimidade.

Mas depois desta instigante leitura não será o caso de nos perguntarmos se os códigos sobre beleza e feiura não começam a se entrelaçar? Se a maior parte da população feminina permanece submissa a essas noções, será que o faz só ao nível dos discursos, ou das práticas também? Como nos desvencilharmos da apreciação moral sobre o corpo gordo ou feio? Em mais uma obra baseada em consistente pesquisa, Joana Novaes nos desvenda realidades que nos interpelam e que nos convidam a pensar: *Com que corpo eu vou?* nos acena com a possibilidade de aproximar os dois modelos pondo um fim à ditadura dos padrões, de fugir de regulações ditadas pela moda e de construir nossa própria identidade. É uma excelente razão para ler a autora e toda a sua obra.

Mary Del Priore
Historiadora e sócia honorária do
Instituto Histórico e Geográfico Brasileiro

Introdução ou o corpo e suas histórias

> "A pele é o que temos de mais profundo."
> Paul Valéry

Todo livro tem uma história. Não apenas aquela que contamos, mas o que nos levou a escolher um tema, como nos sentimos face às escolhas que temos de fazer e, sobretudo, por que e para quê?

Escrever é, sem dúvida, um ato solitário. Assim como a pesquisa quando não compartilhada. Esta talvez seja uma de minhas maiores motivações. Gosto de pesquisa de campo, adoro ouvir histórias e, certamente, não comungo da ideia de que a pesquisa acadêmica tenha de ser "pesada" e desprazerosa. Rigor metodológico, no meu entender, não está associado a uma relação sisuda com o saber.

Dito isto, vou falar um pouco sobre a história deste livro.

Fruto de minha pesquisa de pós-doutorado em Psicologia Social, realizada na UERJ (NOVAES, 2008a), este livro dá continuidade à minha tese de doutorado em Psicologia Clínica defendida na PUC-Rio e transformada no livro *O intolerável peso da feiura: sobre as mulheres e seus corpos* (Editora PUC-Rio/Garamond). Nele busco investigar os usos do corpo e as diferentes formas de sociabilidade no tocante à estética corporal nas camadas populares. Trata-se de uma pesquisa contrastiva, que procura entender a forma como mulheres de diferentes camadas sociais percebem, usam e se relacionam com seus corpos.

Financiada pela FAPERJ, a quem agradeço pela bolsa concedida, esta pesquisa é produto de uma investigação que vem se construindo desde minha graduação, tendo como objetivo investigar as diferentes formas de sociabilidade e usos do corpo quando comparadas mulheres de classe média e alta àquelas das classes populares.

Não há dúvida, penso eu, que o corpo entrou em cena tornando-se um dos nossos mais importantes cartões de visita. Mas há uma diferença, sabiamente apontada por Ilana Strozemberg (1986): este cartão não mais nos apresenta – ele nos representa. Em meio à "crise de valores", ao "declínio da função paterna", ao "desaparecimento das metanarrativas" e "da multidão solitária", o corpo se torna um abrigo ou uma prisão. Espelho, um "outro" de si mesmo, com o qual podemos coabitar fraternal e prazerosamente ou de forma extremamente persecutória.

O corpo tomou conta do nosso imaginário de forma nunca antes vista. Conquista práticas e discursos, define normas de comportamento, regula nossas práticas cotidianas e determina padrões de inclusão e exclusão social – alguns deles socialmente validados.

A gordura, associada à feiura, é uma das mais presentes formas de exclusão social feminina, e é minha intenção neste trabalho investigar quais as ressonâncias de tal afirmação em diferentes classes sociais, uma vez que, embutido nas falas de nossas entrevistadas, pudemos perceber significativas diferenças, não aprofundadas anteriormente por escapar ao escopo da pesquisa.

Se anteriormente observei que as mulheres das classes média e alta não iam à praia, não saíam de casa, malhavam compulsivamente e negavam qualquer referência a uma sexualidade mais ativa, um simples olhar nos trajes femininos nas ruas das cidades mostra-nos minissaias, decotes, roupas justíssimas que parecem em nada querer ocultar as "gorduras" que as mulheres mais pobres buscam eliminar nas academias de ginástica de suas comunidades, nas cirurgias plásticas realizadas em hospitais públicos ou na compra dos inúmeros aparelhos vendidos através dos canais televisivos especializados em toda a sorte de produtos voltados para a modelagem corporal.

Haveria assim um lidar de forma bastante diferente com a autoimagem, com o próprio corpo, que determinaria sociabilidades distintas? É importante ressaltar a dimensão social do corpo, que é sempre encerrado em um certo tempo, em um dado espaço, que traduz inúmeras conotações de prazer e desprazer, bem como reflete códigos e espelha costumes.

Os diversos significados atribuídos e elegidos a este corpo seriam decorrentes da multiplicidade de culturas em que o mesmo poderia estar inserido. Foi a partir deste mecanismo fundamental de conhecimento, a comparação entre o que é universal em todo corpo e as possíveis inflexões que esse corpo sofre de acordo com diferenciados sistemas de valores, que construí minha investigação.

A importação do modelo californiano de saúde e beleza não seria apenas um fenômeno brasileiro, mas, segundo Malysse (1997), a geografia e a cultura carioca serviram de solo fértil para a absorção destes valores. Segundo o autor, em 1996, a importação de equipamentos esportivos dos Estados Unidos foi da ordem de US$ 200 milhões, ilustrando perfeitamente a tese de Baudrillard que postula uma passagem do corpo natural ao corpo artificial. Não escapa a Malysse o vetor ideológico e de exclusão de tais práticas. Como afirma o autor, o mero custo da frequência a uma academia é um indicador de que as inúmeras publicações existentes na mídia – com o objetivo de informar ao sujeito quais as práticas corporais que lhe ajudarão a atingir o corpo ideal – estão voltadas para uma camada mais favorecida da população, revelando a construção de um "corpo de classe".

Esta é uma afirmação sobre a qual me deterei bastante. Dialogando com Boltanski (1979), procuro mostrar como a "busca de um corpo ideal" está presente em todos os segmentos, mas se atualiza de diferentes formas. Certamente estou me referindo às camadas urbanas, hoje cerca de 85% da população do país.

Enquanto em meus trabalhos anteriores ative-me às classes médias e altas da cidade do Rio de Janeiro, pesquisando academias de ginástica, clínicas de cirurgia plástica e cirurgias bariátricas, o presente estudo buscou ouvir apenas mulheres de comunidades "pobres" cariocas.

Para isto, tomei como campo de pesquisa as academias de ginástica de três comunidades da zona sul e uma da zona oeste; utilizei as falas de suas frequentadoras contrastando-as com as minhas entrevistadas anteriores. Realizei também, com o valioso auxílio de estagiárias de pesquisa, entrevistas com funcionárias da PUC-Rio, que sedia o Núcleo de Doenças da Beleza.

Como sou coordenadora deste Núcleo, que atende também a populações pobres com transtornos alimentares (anorexia, bulimia, obesidade mórbida, compulsões alimentares e dismorfia corporal, dentre outros), a abordagem clínica não poderia ser deixada de lado. Ainda que não tenha sido o foco privilegiado, minha escuta, sempre atenta aos mecanismos de regulação social, é permeada pela formação clínica, o que espero seja enriquecedor quando da análise de minhas entrevistas.

Articulando teoria e campo, procedi minha análise do campo pesquisado. Por tratar-se de uma pesquisa contrastiva, sempre que possível, busquei as diferenças encontradas nos discursos referentes ao corpo das distintas classes sociais pesquisadas. Apresento exemplos de falas em que as diferenças são marcantes, busco semelhanças, e procuro dar ao leitor uma descrição pormenorizada da vida nas comunidades onde atuei.

Aponto suas especificidades, dificuldades, estratégias e cautelas necessárias. Utilizando Geertz (1978) em suas recomendações acerca de estudos etnográficos, procuro dar ao leitor a melhor visão possível do campo investigado.

Para Geertz não existe o que chamamos de natureza humana independente da cultura. Por isso, ele propõe que se procure, nos próprios padrões culturais, os elementos definidores de uma existência humana. Nesse sentido, o comportamento humano é visto como ação simbólica. A cultura consiste em estruturas de significado socialmente estabelecidas.

Segundo o conceito semiótico de cultura, ela constitui sistemas entrelaçados de signos interpretáveis. Trata-se, então, de um contexto no qual os acontecimentos sociais, os comportamentos, as instituições ou os processos podem ser descritos de forma inteligível, ou seja, com densidade.

O corpo, dizia-nos Lévi-Strauss (2003), é a melhor ferramenta para aferir a vida social de um povo. Ao corpo cabe algo muito além de ocupar um espaço no tempo. Cabe a ele uma linguagem que se institui antes daquilo que denominamos "falar", que exprime, evoca e suscita uma gama de marcas e falas implícitas.

Assim, a tarefa de conhecer o homem passa a ser a de descobrir as estruturas conceituais que informam os atos dos sujeitos. Deste modo, compromete-se com o conceito semiótico de cultura e a abordagem interpretativa de seu estudo.

É desta forma que busco entender o corpo nas diferentes camadas sociais. O corpo fala e as marcas nele feitas também. A questão estética se impõe como forma e fôrma, e o que é belo pode vir a ser feio. Da mesma maneira, o belo pode instituir um padrão de feiura. No fundo vivemos no fio de uma navalha, que, tenuamente, separa feiura de beleza.

O corpo, assinala Le Breton (1985), responderá a uma soma de solicitações da vida social através de gestos, sensações ou sentimentos que o inserem em uma lógica de significações – é esta subordinação relativa à ordem social que dá ao corpo a possibilidade de ser o suporte essencial à vida do sujeito, sem que a vontade deste seja, constantemente, convocada para todas as manifestações da vida cotidiana.

No seio de uma mesma comunidade cultural, os indivíduos dispõem de um registro somático comum (sensações, sentimentos, gestos etc.), que regula as trocas sociais. O homem não pode viver e habitar um universo que ele não compreende, e o corpo seria o lugar de encontro entre a existência do sujeito e o seu *environment*.

Conforme desenvolvi em meu livro anterior (NOVAES, 2006a), é no princípio do século XX que o corpo vai reunir o conjunto de discursos que hoje vemos vigorando. Para a ciência do nosso mundo contemporâneo, o corpo é uma das peças centrais de aferição do dispositivo de civilização: cirurgia plástica intensiva, clonagem, manipulação genética etc., independentemente de seus aspectos positivos ou negativos, são medidas de "avanço" da civilização. Um passo adiante em direção ao corpo perfeito, última promessa do processo evolutivo.

Este corpo é, mais do que nunca, o centro do nosso cotidiano, em suas aspirações de saúde perfeita, juventude eterna e beleza ideal. Se suas aspirações individuais são frequentemente criticadas, estas são representativas da cultura dominante, na qual se inscrevem as representações de homem, de corpo e de progresso da ciência. Para Remaury (2000), o corpo do fim do século XX é mais do que nunca representado como expressão perfeita da evolução: o corpo do homem é a própria imagem de sua cultura.

Com o objetivo de que o leitor me acompanhe no caminho percorrido, indico a seguir a forma como estruturei o meu trabalho, até chegar ao campo de pesquisa. Há sempre aquela indagação dos antropólogos sobre se devemos ir para o campo *cru* ou *cozido*. Ou seja, devemos nos deixar nortear por alguma teoria ou simplesmente permitir que o campo fale por si só. Em meu caso, como em pesquisas anteriores, acho sempre mais seguro estar minimamente informada, assim como fornecer subsídios ao leitor sobre as teorias que orientaram o meu trabalho.

Isto, contudo, não significa atrelar a fala dos sujeitos a pressupostos previamente estabelecidos ou imaginar que há neutralidade no saber do pesquisador. Sobre isto falarei um pouco mais adiante.

No primeiro capítulo, "Para cada época um corpo... Para cada cultura uma estética... Para cada mulher uma forma", reafirmo a ideia de que o corpo é o lugar de diferentes formas de sociabilidade e que espelha a vida social de uma comunidade. Justifico minha escolha em pesquisar mulheres mostrando não apenas a associação entre mulher e beleza, mas entre mulher e pecado. Aponto para uma nova cartografia do corpo que vem se desenhando na contemporaneidade através das marcações corporais, da ideia do corpo sem órgãos e do corpo como tela. Estaremos buscando um corpo para além do humano? Ressalto, ainda, o valor simbólico do corpo, o que ele representa como capital, e como historicamente a beleza foi sempre um valor. As regulações sociais que nele incidem são também apontadas ao longo da história.

"Meu corpo como prisão. Conformismo e resistência na ditadura da beleza", o segundo capítulo, retoma o cerne de minhas pesquisas ao abordar a histórica associação entre feminilidade e beleza, e como a última, de um desígnio da natureza, transformou-se em um dever moral da mulher. Analiso o estatuto da feiura, tema pouco abordado na literatura, e seu significado na contemporaneidade, frequentemente associado à gordura. Busco contrapor o corpo/organismo da medicina ao corpo erógeno e pulsional da psicanálise, quando abordo a questão do envelhecimento e suas implicações na sexualidade feminina. Mas otimista, aponto também a possibilidade de resistência, inclusive através da própria estética.

O terceiro capítulo, "Na trama da cultura. Corpo, estética e classe social", trata, basicamente, de minhas indagações iniciais: temos todas o mesmo corpo? A ser verdade que a feiura/gordura atinge indiscriminadamente a todas as mulheres, por que os usos do próprio corpo, as formas de apresentá-lo, de se relacionar com ele variam tanto de acordo com a classe social? Como é introjetado o discurso médico nas diferentes camadas sociais e quais os impactos dele?

Retomo aqui o meu eixo inicial postulando, apoiada em diferentes autores, que os gordos são os novos vilões da contemporaneidade, sofrendo o peso do estigma e da exclusão validada socialmente. Daí, reiterar minha proposta acerca de uma *ação afirmativa* para os gordos.

"Entre becos e vielas, uma nova geografia do corpo" será o último capítulo. Acreditando ter conseguido tecer uma malha teórica nos capítulos anteriores, apresento o meu campo de pesquisa. Entendo que as inúmeras práticas corporais representam um mecanismo de regulação social sobre o corpo do sujeito, ao mesmo tempo em que promovem a sua inclusão identitária. Busco ilustrar, através de minhas entrevistas, as diferentes formas de sociabilidade e usos do corpo. Para tal, vou apontando semelhanças e divergências entre as entrevistadas anteriores e a população agora pesquisada.

Tentei, inicialmente, utilizar a mesma metodologia empregada nas pesquisas anteriores. Elaborei um roteiro com oito perguntas, pensando em reproduzir o modelo anterior: gravar e transcrever. Tal método não se mostrou nem viável nem eficaz, como deixarei claro no quarto capítulo. Ainda que as perguntas, de certa forma, buscassem circunscrever o campo, havia sempre a preocupação de não amarrá-las demais, deixando que a entrevistada ficasse livre para expandir-se caso sentisse necessidade. Tal preocupação mostrou-se absolutamente desnecessária, posto que todas estavam extremamente dispostas a falar.

Há aí marcantes diferenças entre os dois campos investigados, o que descreverei no quarto capítulo. Mas desde já adianto que, enquanto minhas primeiras entrevistadas demandavam sigilo total, nesta pesquisa, as mulheres pediam para ser fotografadas, que seus nomes originais constassem no livro e que as comunidades fossem fielmente descritas. Certamente há muito a ser dito sobre isto, mas não me escapa a dimensão de uma visibilidade desejada, visto o anonimato tão frequente nestas populações.

Estas breves considerações me remetem às observações de Bakhtin (1996) acerca de nosso lugar como pesquisador. O autor afirma que nenhuma interpretação dá conta do acontecimento em sua totalidade. Existe uma separação insuperável entre um acontecimento na vida e um conhecimento ou uma interpretação sobre esse acontecimento. Assim, Bakhtin critica a pretensão dos saberes científicos de apreenderem o mundo em sua totalidade, de esgotarem um objeto por completo e, dessa crítica, sugere a postura possível ao estudioso diante do seu objeto: a postura de humildade e implicação.

Espero ter conseguido seguir esta recomendação. Seria, sem dúvida, uma forma de retribuir a generosidade de todas as minhas entrevistadas.

Uma vez terminada a pesquisa com as mulheres de classes populares, uma análise comparativa foi feita com as respostas das entrevistadas de minhas pesquisas anteriores, buscando evidenciar os pontos de consonância e de dissonância em ambos os grupos. Conforme demonstrei em trabalhos anteriores, em certos aspectos, o discurso do corpo ultrapassa o discurso de classe. Afinal de contas, como apontou Strozemberg (1986), em comunicação pessoal todos assistem à mesma televisão.

Também no tocante à faixa etária, pude perceber que a beleza é uma preocupação para todas as mulheres e que todas buscam escapar do que percebem como feiura através de diferentes práticas de intervenção corporal. Se for verdade que podemos atribuir a incidência de determinadas práticas com mais frequência a determinadas idades, até pela disponibilidade financeira, nosso objetivo é mostrar como o fantasma da feiura – associado à gordura e ao envelhecimento – se faz presente em todas estas mulheres. Por isso, também no estudo, não utilizamos o recorte de faixa etária.

Tal generalização não significa, contudo, uma pasteurização do comportamento de nossas entrevistadas. Como em qualquer trabalho que lida com o humano, poderemos perceber as diferenças, as resistências e o que existe de singular em cada uma das mulheres ou nos diferentes segmentos pesquisados.

A própria condição da entrevista circunscreve a narrativa, o que não pode ser ignorado em uma pesquisa. Desse modo, o conteúdo da narrativa do entrevistado não corresponde exatamente ao que ele experiencia em suas relações ou em sua vida, e sim a como ele fala de sua experiência na circunstância da entrevista.

Isso significa que o *outro* da entrevista (o entrevistador) não é um sujeito nulo, neutro, mas alguém que participa ativamente da fala do entrevistado, e vice-versa. Por ser o interlocutor alguém que reage à fala do sujeito, que a complementa, se interessa por ela, expressa concordância ou discordância, responde e pergunta, ele influencia a forma e o conteúdo da comunicação.

O querer dizer do sujeito que fala (o entrevistado) depende, entre outras coisas, da comunicação que vem do interlocutor (o entrevistador). Então, o fato de se ser homem ou mulher, jovem ou velho, branco ou negro, bonito ou feio etc., como também a forma de perguntar, os trejeitos ao perguntar, a entonação da voz, podem influenciar na produção da resposta.

Em meu caso, isto se fez mais visível ainda. Sabemos que não é fácil o acesso a muitas comunidades. O medo, as regras impostas do silêncio, a desconfiança e, certamente, os diferentes mapas de navegação social colocam frequentemente o pesquisador frente a situações bastante inusitadas. Não sei se teria conseguido realizar esta pesquisa, enriquecida inclusive com inúmeras fotografias em academias de ginástica, em lajes transformadas em espaço de malhação e em casas que me acolheram, sem a ajuda de minha "diretora de *casting*": Elisângela de Jesus, carinhosamente apelidada de Elis.[1]

Através de Elis, fui sendo gradativamente introduzida nas comunidades como alguém confiável, tranquila, "sangue bom", algumas vezes até apelidada de "branca de neve". Enfim, alguém que poderia ser acolhida e com quem estavam dispostas a partilhar suas vivências. Devo muito a ela e à generosidade de minhas entrevistadas.

Não tenho nenhuma ilusão e nem era meu desejo imaginar que não estou subjetivamente implicada em meu campo de pesquisa. Comecei esta breve introdução falando acerca da história que toda pesquisa tem. Esta não é diferente e, por isso, mesmo sabendo que cometerei grandes injustiças, não posso deixar de lado alguns agradecimentos que fazem parte da memória de meu percurso neste tema.

---

1 Quando da impressão final do livro parte destas fotos por mim tiradas revelaram minha inexperiência como fotógrafa – algumas resoluções estavam muito baixas. Devo à fotógrafa Sandra Moura uma nova ida a algumas comunidades para que pudéssemos refazer algumas das fotografias.

Em seu discurso de posse no Instituto Histórico e Geográfico Brasileiro, a historiadora Mary Del Priore indagou: "Em um país sem memória, para que serve a história?" É a Mary a quem, primeiramente, agradeço. Desde minha dissertação de mestrado, como membro de minha banca, após vários cursos feitos com ela, Mary vem sendo uma referência para mim – de rigor metodológico, de sensibilidade no olhar e, certamente, de relevância de sua produção. Para os que não a conhecem pessoalmente, penso que uma frase talvez ilustre bem seu jeito de ser. Mary é uma intelectual extremamente elegante.

Outra porta se abriu quando conheci a antropóloga Ilana Strozemberg, membro de minha banca de doutorado. Seu olhar aberto ao diferente, acolhedor às minhas infinitas indagações, e sua generosidade em dividir o saber levaram-me, cada vez mais, a buscar entender o corpo em sua dimensão cultural, preservando a singularidade que como psicanalista sempre busquei.

A Ricardo Vieiralves de Castro, reitor da UERJ, devo não somente o acolhimento como sua orientanda no meu primeiro pós-doutorado, como a confiança sempre em mim depositada, acompanhada de múltiplos incentivos. Além de amigo, Ricardo me permitiu o diálogo com um campo pouco explorado por mim anteriormente.

Agora, passados dois anos, retorno à UERJ de novo em busca de um outro tipo de conhecimento. É no Laboratório de Pesquisas Clínica e Experimental em Biologia Vascular (BioVasc), sob a rigorosa e instigante orientação de Eliete Bouskela, que inicio uma nova etapa de pesquisa e de experiência clínica. Quem sabe meu próximo livro?

Mas, em meio aos agradecimentos, uma nota de gratidão e saudade. Foi Paulo Athayde Lopes quem primeiro me franqueou a entrada às salas das cirurgias bariátricas. Estupidamente assassinado (há assassinatos não estúpidos?), devo a ele grande parte do que pude aprender sobre o triste mundo da obesidade.

Finalmente, mas com grande destaque, agradeço a Augusto Sampaio, Vice-Reitor Comunitário da PUC-Rio, que desde o início acreditou e viabilizou a implantação do Núcleo de Doenças da Beleza, no Laboratório Interdisciplinar de Pesquisa e Intervenção Social (LIPIS), na Vice-Reitoria Comunitária. Através dele, pude consolidar o atendimento a um espectro muito mais amplo da população, enriquecendo tanto a minha prática clínica quanto a minha formação teórica.

Feitas estas breves considerações gostaria de finalizar com outra observação ainda referente à história e à minha implicação na pesquisa. Como carioca, vivo cercada por grades, câmeras, ruas públicas fechadas em busca de uma suposta "ordem" que se imagina ameaçada pelas *classes perigosas*. À retidão dos muros contrapõe-se uma arquitetura de becos e vielas, que em muito se assemelha às curvas de minhas entrevistadas.

Observo também que estes corpos por mim olhados mais detidamente agora são historicamente associados ao trabalho, à força, à escravidão – quando não ao crime, sendo muitas vezes deixada de lado a sua dimensão de prazer, de criatividade e de produção de um viver árduo, mas muito sensível.

Não estou *glamourizando* a pobreza, defendendo as curvas da obesidade, que sabemos, como as próprias mulheres disseram, tem fatores de comorbidade altíssimos e já se configura como um problema de saúde pública. Busco apenas um novo olhar que suscita em mim novas perguntas.

Contudo, ouvir a potência destes corpos que são preenchidos por afetos de diferentes intensidades e frequentemente tão distintos dos nossos é, para mim, o principal ponto de uma possível contribuição deste trabalho.

1
Para cada época um corpo...
Para cada cultura uma estética...
Para cada mulher uma forma

"Meu corpo é às vezes meu, uma vez que ele porta os traços de uma história que me é própria, de uma sensibilidade que é minha, mas ele contém, também, uma dimensão que me escapa radicalmente e que o reenvia aos simbolismos de minha sociedade."

A. Artaud

Por que mulheres?
"Todos os homens que conheci se apaixonaram por Gilda... e acordaram comigo", disse Rita Hayworth, em uma de suas mais célebres frases.

Se a própria propaganda do filme nos antecipava com aguda clareza: "Nunca houve uma mulher como Gilda...", qual o lugar designado à mulher e às suas imagens? O quanto ambas se imbricam e se confundem?

Falar das representações do feminino em nossa cultura é abrir uma discussão acerca da associação mulher/beleza. Até a edição de 1971, o *Dicionário da Língua Portuguesa* de Aurélio Buarque de Holanda atribuía ao significante beleza o significado de "qualidade do que é belo; da coisa bela ou agradável; da mulher bela".

Entretanto, o enlaçamento entre o vocábulo beleza e tudo aquilo que se refere ao campo da feminilidade parece tão antigo quanto a civilização. Aliás, a própria palavra pertence ao gênero feminino. Apesar de antiga, no entanto, esta articulação nunca foi trivial. Como causa do Mal ou qualidade essencial, os sentidos produzidos pela mulher bela atravessaram os tempos, o que lhe parece assegurar um lugar como ente psíquico imortal. Por isso, não há como desconsiderar a associação entre mulher e pecado.[2]

Os dois termos guardam entre si uma relação histórica, de distância e proximidade, de negação e aceitação, de tal forma que suas essências parecem se combinar, tanto em oposição quanto em justaposição, para dar um só significado aos dois significantes. Sim, não há dúvidas: a mulher e o pecado são tão

---

2 Algumas considerações a seguir são desenvolvidas em um artigo publicado em coautoria com Sergio Medeiros (NOVAES & MEDEIROS, 2007). O tema é extremamente bem desenvolvido pelo autor em sua tese de doutorado intitulada *O belo e a morte* (MEDEIROS, 2005).

íntimos e há tanto tempo quanto a relação entre Eva e a maçã nos faz supor.

Mas além de íntima e antiga, esta é também uma relação ao mesmo tempo enigmática e revelada. Ninguém tem dúvida sobre qual pecado a mulher cometeu; trata-se de uma relação explícita que aponta para o desejo, a tentação e o erotismo. Estes são os significados do binômio *mulher e pecado*. Tudo se passa de forma diferente no caso masculino, em que *o homem e o pecado* nada quer dizer, isto é, nada sabemos sobre seu ato ou qual teria sido a natureza de seu delito.

O aspecto que resta enigmático entre a mulher e o pecado é a gravidade de seu deslize. Uma falta que privou a humanidade de seu convívio com Deus, que lhe custou sua morada no paraíso e lhe condenou ao sacrifício diário de lutar, em vão, contra o desamparo, a dor, o sofrimento, a fome, a doença e a morte. E ela nem sequer teve a intenção... Talvez por isso, a autoria de seu pecado tenha sempre sido atribuída ao *outro*. De fato, como serpente ou anjo caído, há sempre um espírito maligno a apresentar o desejo feminino como um ato de feitiçaria. E se o homem em algum momento vendeu a alma ao diabo, a mulher desde cedo lhe entregou seu corpo, pois sempre foi dele a inspiração que a levaria a cometer seu pecado.

Assim, a partir do referencial da civilização ocidental, que associa a mulher ao pecado, passamos pelo desejo feminino e dele chegamos ao Mal e à Morte. Deste binômio, pode-se dizer, não existe outro pior.

Além de intrigas e guerras, a beleza feminina e o desejo da mulher aparecem como causa da morte, das pragas, das dores e das doenças no mito da caixa de pandora. Menos criativa, a tradição judaico-cristã também atribui à mulher os males do mundo. Foi Eva quem primeiro cedeu às tentações do corpo, seduziu Adão e provocou a expulsão do paraíso. Assim, é para a sexualidade feminina que o demônio dirigiu seu olhar, marcando o corpo das filhas de Eva, com o estigma do Mal e da culpa pelo pecado original.

Durante quase toda a Idade Média a beleza feminina foi vista como armadilha do pecado, uma tentação do diabo. A beleza da mulher seria assim um embuste, um encobrimento enganoso de uma essência impura, leviana e vil. Tal representação negativa da mulher só encontrava um contraponto na Virgem Maria – a única mulher bela e inocente.

Controlada pela Igreja, a mulher perigosa por sua beleza, por sua sexualidade, por sua associação com a natureza inspirava toda sorte de preocupação dos pregadores católicos, que associavam o corpo feminino e sua beleza a um instrumento do pecado e das forças obscuras e diabólicas (DEL PRIORE, 2009).

Mas não é necessário retroceder tanto – basta olharmos as representações do feminino no islã, para entendermos (não concordar!) o uso das burcas, defendido inclusive por algumas mulheres.

Se Aristóteles pensava que a mulher era apenas um vaso destinado a receber sementes do homem, a tradição hipocrática pregava que nada vem à existência na ausência do prazer. O prazer revelava-se como indispensável para a concepção: as fricções da vagina e do colo da matriz suscitavam o aquecimento necessário para a emissão de uma semente interna.

Tais crenças levavam a considerar o orgasmo feminino como sinal de boa circulação dos humores e da abertura da matriz, dessa forma acessível à semente do homem. "Assim se estabelecia, naturalmente, uma relação lógica entre prazer e fertilidade, entre frigidez e esterilidade" (CORBIN, 2008a, p. 186).

Contudo, durante o século XVIII e no começo do século XIX, a nova biologia volta a questionar todas essas convicções – o orgasmo feminino, segundo Lacquer (1992), passa a ser percebido como descolado da geração, e a concepção como um processo secreto que não necessita de nenhum sinal exterior.

Não é difícil entender como essa nova percepção do corpo da mulher engendra simultaneamente uma nova representação do feminino, bem como um medo inédito em relação à mulher. O gozo dela, que escapa do controle do outro e que em nada se relaciona à funcionalidade da procriação, aponta as desmesuras do desejo. Histéricas, portadoras de furores uterinos eram apenas algumas das designações para lidar com essas parceiras tão temíveis.

Para Corbin, "o medo masculino alimenta-se de fantasias de devoramento e de submersão pela Eva tentadora, conhecedora de táticas de estimulação do desejo masculino" (2008b, p. 222).

Não há, então, como nos surpreendermos com a forte regulação que incide sobre o corpo feminino: corpo e imagem apontam para temas que constituem um desafio quando estudamos a corporalidade, pois ambos tratam de uma "construção social". Uma carnalidade historificada, como aponta Barthes: "meu próprio corpo é social" (1982, p. 450). O corpo é o lugar de ancoragem dos atravessamentos filosóficos, históricos, econômicos, políticos, artísticos, psicológicos e culturais.

O desenvolvimento tecnológico avança cada vez mais no sentido de desenvolver máquinas capazes de difundir imagens do corpo. As imagens que perscrutam o corpo têm sua evolução em consonância com as evoluções tecnológicas, e todo esse avanço faz do corpo, simultaneamente, objeto de investigação, de interesse e de curiosidade. Ao mesmo tempo em que mudam as formas de sociabilidade do corpo, estes avanços caracterizam um movimento de individualização.

O olhar público que explora a anatomia humana é o mesmo que realiza ao extremo sua ampliação, dissecando e fragmentando o corpo do outro. Através dessa dissecação, que é feita nos mínimos detalhes e com toda a acuidade que a tecnologia permite, chega-se a um nível de controle e conhecimento sem precedentes na história.

Observamos ainda que o controle exercido através da fiscalização de um olhar minucioso sobre a aparência e com o aval da ciência contribui para regulamentar as diferenças e determinar padrões estéticos, em termos daquilo que é próprio e impróprio, adequado ou inadequado, normal ou anormal. Como bem sugere Durif, "o corpo torna-se álibi de sua própria imagem" (1990, p.15). Esse controle da aparência traduz-se não somente na atribuição de características estéticas, mas as investem de julgamentos morais e significados sociais.

Observemos mais atentamente a questão da aparência na atualidade. O aval da sociedade talvez explique por que, nos homens, as preocupações com a má aparência são mais sutis. Basta observarmos com atenção e constatamos que a sociedade mostra-se mais condescendente e tolerante com a feiura masculina. Logo, é inquestionável que o olhar lançado sobre os homens é menos persecutório. Ao que tudo indica, as instâncias reguladoras do comportamento fazem concessões bem maiores aos sinais de desleixo masculinos do que aos femininos.

Contrariamente ao que acontece com o grupo dos homens, no universo feminino a rigidez é de tal ordem que não há justificativa possível para o não atendimento dos imperativos da beleza. Enquanto no universo masculino o desvio com relação ao padrão de beleza está vinculado à falta de tempo, em função do ritmo atribulado da vida profissional, para as mulheres não cultivar a beleza é falta de vaidade – um qualitativo depreciativo da moral.

A falta de esforço e de cuidados com a aparência leva à perda da identidade. A ética da disciplina corpórea apresenta-se como um aspecto fundamental de coação social, na medida em que define não só as insígnias de cada gênero como também engendra a distinção entre identidade sexual e sexo biológico. O impacto que a feiura tem sobre a imagem de uma mulher é justificado pelo discurso que diz que a feia é menos feminina.

A tríade juventude/saúde/beleza define com uma força sem precedentes o feminino, que mesmo em tempos de liberação sexual, como aponta Remaury (2000), remete a uma das mais antigas representações da mulher: a fertilidade.[3]

Acreditamos que, ao analisar por que e por quais processos discursivos a mulher tornou-se condenada a *ser* um corpo, ou ainda, a ser reduzida a sua anatomia, poderemos prosseguir nossa discussão também por outra via: o lugar que o corpo assume como valor social e a consequente regulação que o acompanha.

O tecido social, como aponta Le Breton (1990), é uma rede muito diversificada de simbolismos relacionados aos diferentes grupos ou classes sociais: a linguagem, o corpo, os rituais, o espaço, o tempo etc. Assim, mesmo que o homem se conceba como autônomo, seu próprio corpo não pode escapar desta ordem de significações mais amplas – o corpo é, então, necessariamente, parte do simbólico.

O corpo responderá a uma soma de solicitações da vida social através de gestos, sensações ou sentimentos que o inserem em uma lógica de significações. É esta subordinação relativa à ordem social que dá ao corpo a possibilidade de ser o suporte essencial à vida do sujeito, sem que a vontade deste seja, constantemente, convocada para todas as manifestações da vida cotidiana.

Para Le Breton, o corpo é uma construção social da mesma forma que a linguagem ou o pensamento, e sua relação com

---

[3] Para uma discussão aprofundada sobre esta tríplice associação, ver Novaes (2004, 2006a).

a própria comunidade é de ressonância mútua – um jogo de espelhos infinito, onde um faz eco ao outro.

Corpo: uma nova cartografia?

Os avanços tecnocientíficos e o desenvolvimento da *nova medicina* colocaram em questão, desde a segunda metade do século XX, aspectos da condição humana que pareciam intangíveis. Em 1930, Freud escrevia que eram três as principais fontes do sofrimento humano: a Natureza, com sua força indomável; as vicissitudes do corpo, em sua marcha inexorável na direção de sua autodissolução; e a relação entre os homens, que os condenava às exigências sociais e renúncias pulsionais muito além das possibilidades de seu *acanhado* espírito.

Sem sombra de dúvidas, proporcionamos hoje mais saúde ao nosso corpo sem, contudo, encontrarmos qualquer alívio para a inexorabilidade de nossa finitude: apenas adiamos um pouco o desfecho trágico de nossa existência e somos muito gratos à Ciência por cada dia a mais de esperança... Ou ilusão.

Como apontam Vilhena & Medeiros:

> Somos gratos a ela, por indicar-nos o caminho para uma possível nova utopia, já que tanto nos ressentimos da perda das anteriores. Nossas fantasias de onipotência, vindas de tempos imemoriais, sem dúvida alguma, encontram um grande abrigo nos progressos da biotecnologia. A imortalidade/perfeição sempre tão almejada deixou, para nós ocidentais, de ser assunto religioso para tornar-se matéria de pesquisadores. Nossa crença no progresso da ciência faz-nos apostar na vitória sobre todas as imperfeições, carências, sofrimento e até sobre a morte (2003, p. 59).

Dessa forma, nota-se que os avanços científicos, tais como a biotecnologia, reproduzem valores que espelham o nosso imaginário cultural, onde as regulações sobre o corpo se fazem tão aparentes. Pensando no aprofundamento do debate político sobre a tecnociência e na crítica ao humanismo, o filósofo Vladimir Safatle (2008) indaga-se sobre qual seria a concepção de vida que direciona o desenvolvimento da ciência.

Ao mesmo tempo em que faz a denúncia, Safatle sugere pensarmos em novas formas de subjetividade, mais independentes da estrutura egoica. Ou seja, organizações psíquicas mais descoladas da figura de um "eu".

Tomemos como exemplo a obra do artista plástico australiano contemporâneo Philippe Stelarc (1997), mundialmente famoso, que incorpora temas da "maquinização" do homem em suas obras corporais. Stelarc é um exemplo prototípico desta forma de organização psíquica e de como novas formas de subjetividade vão se delineando e têm na arte uma das suas mais fortes fontes de expressão.

Francisco Ortega (2003) é outro filósofo que questiona o estatuto do corpo na atualidade, refutando o ideal que acredita existir no bojo das intervenções corporais contemporâneas: a ideia de um corpo puro. Acredita que a pureza seja ilusória e que por trás desta ascese corporal estejam inúmeras modificações nas quais estão contempladas a colocação de próteses, a subtração de gordura, os transplantes etc.

Para Ortega, nestas práticas residiria o processo de fragmentação de um ideal unitário, ou seja, a valorização de partes da anatomia que surge como um reflexo de um fenômeno mais amplo e que se atualiza em diversos aspectos da vida contemporânea. Esse fenômeno diz respeito à noção de que o sujeito pode e deve ser engenheiro de si mesmo. Dessa forma, o sujeito estaria apto a montar, remontar e recriar suas formas redesenhando as fronteiras deste corpo de forma infinita. Por fim, chegaria ao ponto de negar sua materialidade numa espécie de "rejeição corporal da corporeidade" ou ainda no que Sibília (2003) nomeou de aversão à carne.

Algo então salta aos olhos: o corpo adquire na contemporaneidade um estatuto nunca antes experimentado. Como aponta Merleau-Ponty, o século XX é que inventou teoricamente o corpo:

> Nosso século apagou a linha divisória do corpo e do espírito e encara a vida humana como espiritual e corpórea de ponta a ponta, sempre apoiada sobre o corpo... Para muitos pensadores, no final do século XIX, o corpo era um pedaço de matéria, um feixe de mecanismos. O século XX restaurou e aprofundou a questão da carne, isto é do corpo animado (1960, p. 287).

Lócus das formações identitárias, é do corpo feminino que nos ocuparemos neste trabalho. Como veremos mais adiante, a antiga associação mulher/saúde/beleza nunca esteve tão presente, provocando distintas formas de subjetivação. "Nossos corpos nos pertencem", gritavam, no começo dos anos 1970, as mulheres que defendiam o direito ao aborto, à liberdade sexual, o direito ao agenciamento de seus próprios corpos – mas até que ponto podemos dizer que tal tarefa foi bem-sucedida?

Até que ponto muitas delas não se encontram aprisionadas em seus próprios corpos, na justeza de suas próprias medidas, na busca permanente por um ideal que, como tal, não pode ser atingido? Nem de longe estamos negando todo o valor libertário do movimento feminista e de todos os outros que vieram em sua esteira – o que nos propomos a refletir é o quanto a "liberdade" pode, às vezes, aprisionar. Levantar a censura sobre o próprio corpo, ideal de todas nós, pode muitas vezes redundar em uma censura maior ainda.

Ninguém melhor do que Foucault (1984, 1985a, 1985b) apontou como o corpo se tornou objeto de uma das mais fortes regulações sociais. O corpo nunca foi tão penetrado, auscultado, examinado não só pelas novas tecnologias médicas, como pelas mutações do olhar – também delas decorrentes.

Para Del Priore (2009), a mulher continua submissa, não mais às múltiplas gestações, mas à tríade da perfeição física. Segundo a autora:

> A imagem corporal da mulher brasileira está longe de desembaraçar-se de esquemas tradicionais, ficando longe, portanto, da propalada liberação dos anos 70. Mais do que nunca a mulher sofre prescrições. Agora não mais do marido, do padre ou do médico, mas do discurso jornalístico e publicitário (p. 15).

A sexualidade, vista como espetáculo, nos faz retornar à indagação inicial: meu corpo será sempre meu corpo? Em uma sociedade com mais telas do que páginas, regida pelas normas do consumo, o corpo não pode deixar de ser afetado. Além disso, o funcionamento da civilização se apresenta de tal maneira que ela favorece a identificação a uma imagem totalizante a partir dos corpos ideais abastecidos de acessórios fantasmáticos com os quais o sujeito moderno é convidado a se identificar. Assim, dois aspectos: de início a crença de cada um em sua imagem; em seguida a preocupação de se identificar a uma imagem de si que seja bem-sucedida.

Contudo, partimos da indagação se tais imposições estéticas operam da mesma forma em diferentes classes sociais.

Na trama da cultura, o corpo ultrapassa os limites do biológico – e sua versão mecânica e/ou tecnológica pulveriza ou *enevoa* as fronteiras que definem o humano, produzindo reviravoltas nos valores éticos e acelerando a revisão e as mudanças de costumes.

Da moda do corpo ao corpo da moda, o corpo natural se desnaturaliza ao entrar em cena, conforme as exigências impostas pelos modelos vigentes ou pelo poder das normas organizadoras do *ethos* sociocultural. Mas este corpo, conforme citado anteriormente, não é apenas passivo: ele transgride, cria, rebela-se – porque fala.

Propomos uma reflexão sobre o corpo contemporâneo a partir de uma dupla abordagem: clínica e estética. Trata-se de efetuar cruzamentos entre as produções subjetivas e os agenciamentos culturais.

O corpo delimita-se através de superfícies múltiplas, ou, como denominou Anzieu (1989), "peles psíquicas". É, pois, entendido como uma topologia, ou, ainda, dentro do referencial utilizado pelo filósofo e psicanalista, o corpo é depreendido como uma atmosfera cuja textura espacial é plástica e assume a forma de inúmeros invólucros cuja superfície, a pele, serve de interface para a inscrição das inúmeras mensagens que constituem a interação entre psique e soma.

É à luz da noção de corpo como uma espécie de cartografia, apresentada pelo autor como algo que simultaneamente transcende a linguagem e nos serve de canal de comunicação com o mundo, que entenderemos as falas sobre as diferentes práticas de intervenções corporais (SANTOS, 2005).

Quase tudo no corpo humano, de seu funcionamento aos seus componentes, parece ter se tornado transformável, mutável ou criável através das proezas das novas técnicas. E não apenas a parte externa do corpo, mas também a interna, explorada e visualizada até suas profundezas, permitindo-se abrir ao olhar de todos, como um *espetáculo vivo*, através de performances, forma de *live art* e da imageologia médica.

De acordo com Gilman (1999), uma nova subjetividade vai se delineando, e através dela torna-se possível formular a seguinte pergunta: "Conviver com o defeito ou mudá-lo?" (p. 45). De acordo com a autora, a prática da cirurgia plástica torna-se o meio através do qual é possível disfarçar um traço estigmatizante de modo que o sujeito sinta-se reintegrado socialmente. Disfarça igualmente os sinais de envelhecimento, o que em uma cultura que elegeu a juventude como ideal de beleza torna a velhice vergonhosa ou "deselegante", como vemos na fala de uma de minhas antigas entrevistadas:

> *Para mim é assim, a gente não tem que conviver com aquilo que a gente não gosta, eu, por exemplo, não gostava do meu nariz – fiz plástica; achava que tinha uma bola nos quadris – lipoaspirei o culote; achava que tinha seios pequenos demais – virei Barbie, taquei silicone; não "tava" a fim de esperar o cabelo crescer – coloquei um megahair* (Mônica, 43 anos, estilista. In: NOVAES, 2006a, p. 167).

As técnicas de reversão do processo de envelhecimento nos remetem ao tão sonhado projeto evolucionista do corpo. Atingida a sua maturidade, o corpo estaria livre de todas as enfermidades e intempéries – o corpo anseia por não mais fenecer. A tentativa pós-moderna parece ser a subversão da condição humana de mortal (NOVAES, 2006b).

O sucesso globalizado desta fantasmática, deste cenário em todas as suas diferentes declinações e também as tentativas singulares ou coletivas para obter sua realização efetiva nos levam a diversos questionamentos. Perguntamos se além do desejo ancestral de escapar aos limites do *corpo natural* – as proezas da ciência e das novas tecnologias levam o sujeito contemporâneo a crer que tal tarefa é possível – não existiria também, tão forte quanto o sonho de fabricar um novo corpo, a busca de realização de um outro desejo? Um desejo que mobiliza as ciências e a tecnologia e que constitui um possante motor para seus avanços e determina a direção de suas pesquisas: *fazer-se* mestre do corpo e do *mistério* da natureza humana (DESPRATS-PEQUIGNOT, 2007).

É próprio da contemporaneidade ter o corpo como lócus primordial de investimento, sendo a aparência que ele ostenta um capital precioso e uma moeda de troca valiosa. Para alguns, o corpo passa a ser uma obra de arte, tal qual uma tela em branco. É neste corpo, transformado em um registro vivo, que serão inscritos afetos, emoções, representações da história do sujeito, do seu tempo e também da sua dor, como no caso das tatuagens, *branding*, escarificações, suspensão etc.

A escritura sobre o corpo, hoje, não diz respeito nem a uma demarcação da natureza humana – tais quais as pinturas corporais primitivas – nem a uma simples pertença a uma comunidade; ela é a trama de relação de cada um com seu corpo, no sentido de que ela visa os efeitos de gozo (SILVA JR., 2008, p. 2).

Para outros, ele é tomado como a vestimenta que recobre o sujeito, sintetizada na máxima: o corpo é a roupa e, por isso mesmo, deve apresentar um caimento perfeito, mesmo que alguns retoques sejam necessários para a melhor otimização dos resultados.

Se a contemporaneidade pode ser definida exatamente pela sua liquidez, como aponta Bauman (2001), ou pela sua evanescência, tudo que é sólido desmancha no ar, o culto ao corpo demanda do sujeito exatamente o inverso: permanência e imutabilidade.

A civilização contemporânea se caracteriza, com efeito, pela queda dos ideais. Nossa época é marcada pela perda ou pela extrema fragilização daquilo que constituía, antigamente, as balizas da cultura: a tradição, a virtude moral, o senso comum, a autoridade. Isso se traduz por um questionamento dos diferentes componentes do humano: a questão da identificação feminina, a questão do sexo e do gênero, aquelas da família moderna, à luz do abalo da função paterna, da identidade nacional etc.

O corpo orgânico – a carne – se torna objeto de mercado. Mesmo as substâncias biológicas, sangue, tecidos e órgãos circulam, trocam-se, e constituem os bens raros estocados ou em reservatórios. Essa desagregação do Ideal e dos elementos simbólicos que sustentam a armadura social (por exemplo, as instituições) é um dos fatores que parecem estar fortemente relacionados ao recurso à marcação do corpo "como gravura sobre si, em que o tecido social não exerce mais seu papel de fiador, de uma permanência que assegura ao indivíduo uma continuidade significante" (SILVA JR., 2008, p. 2).

O autor ainda indaga se as marcas corporais autoinfligidas (tatuagem, escarificação, automutilação etc.) seriam favorecidas ou mesmo geradas pelos discursos dominantes. O aumento dessas práticas nos últimos anos sugere que elas se inscrevem como incidências subjetivas do discurso social contemporâneo.

Os antropólogos são unânimes ao apontar a dimensão social do corpo. Lévi-Strauss (2003) dizia que nada melhor do que o estudo do corpo para aferir-se a vida social de um povo. Nele encontraremos marcas dos tabus, dos rituais, do sagrado e da magia.

Como todo culto, o impacto da moda do culto ao corpo sobre a sociedade só pode ser detectado a partir da compreensão da maneira como seus ditames são interpretados pelos indivíduos que, no interior de diferentes grupos sociais, lhes emprestam significados próprios (VILHENA, MEDEIROS & NOVAES, 2006).

As formas do discurso e as figuras da modernidade influenciam o estatuto do corpo. A presença do corpo na modernidade favorece a identificação a uma imagem totalizante, a partir de corpos ideais revestidos de acessórios fantasmáticos, aos quais o sujeito moderno é chamado a se identificar. Dois aspectos específicos se apresentam: a crença de cada um em sua imagem e o cuidado em se identificar com uma imagem bem-sucedida de si.

O declínio do Ideal e o imperativo do gozo que corroem no conjunto dos laços sociais (ou discursos) se traduzem, também, por um estilo de vida dominado pelo individualismo. Os trabalhos do filósofo Lipovetsky (1989) demonstram que o individualismo exclui o Outro, aumentando o nível de desprazer e a busca pelo gozo. Deduz-se disso uma reivindicação de poder fruir (gozar) do próprio corpo: "meu corpo é meu"; "eu tenho o direito de gozar de meu corpo".

Assim, na era da cultura da performance, o homem contemporâneo, referenciado ao limite possível-impossível, não há de perguntar-se até onde pode ir, mas até onde é capaz de ir: "se tudo é possível, então tudo é normal e permitido? Essas questões são políticas no sentido em que se referem aos princípios fundadores de uma sociedade... O indivíduo soberano está ao mesmo tempo deprimido e dependente" (EHRENBERG, 1998, p. 236). O indivíduo soberano encontra-se sob o peso dessa autonomia e responsabilidade, submetido a normas de performance e a iniciativas constantes para manter-se na sociedade.

Acho que a sociedade nos cobra e nos sufoca demais com isso. Gostaria de dar menos valor à aparência, mas não consigo, pois vivo num mundo onde os valores estão em segundo plano e o físico em primeiro. Se eu quiser conquistar algo aqui neste mundo, sem dúvida nenhuma, a minha aparência influenciará 90%. É triste, mas é a mais pura verdade, pois comprovei isso na pele – precisei me livrar de todo o meu recheio (Alice, 33 anos, psicóloga).[4]

---

4 Como detalho no capítulo quatro, as falas de entrevistas anteriores, pertencentes às camadas média e alta da população, referem-se às pesquisas realizadas em 1998, 2001 e 2004. Utilizo grande parte delas no livro *O intolerável peso da feiura* (NOVAES, 2006a), e a opção por não incluir a referência completa no texto objetivou tornar a leitura mais fluida, posto que não prejudica a compreensão.

A fala anterior mostra-nos a sutil diferença entre o direito de usufruir do próprio corpo e a obrigação de fazê-lo, excluindo do horizonte a possibilidade de um corpo livre e libertário, como mencionei logo no início deste trabalho.

O discurso do corpo fala das relações internas à sociedade e também nele vai se expressar a busca da felicidade plena. Palco privilegiado dos paradoxos e dos conflitos, o corpo que busca a singularidade é o mesmo que tenta negar a diferença e a alteridade. Mas de que forma vemos o outro? É no reconhecimento da alteridade que podemos estabelecer os laços sociais e a solidariedade. Diferença e singularidade são pressupostos para a existência do laço social cujo traço identitário não seja o narcisismo. Em outras palavras, no registro das culturas narcísicas, tudo é permitido ao sujeito que se crê o centro do universo – em sua onipotência predatória, o outro é apenas um objeto para usufruto de seu próprio gozo (VILHENA, 2008).

Essa reivindicação pela autocracia do corpo tem origem no início dos anos 1970, com os movimentos feministas a favor do aborto, sendo retomada em seguida pelos movimentos homossexuais (CORBIN et al, 2008). Assim, nos anos 1970, o corpo é investido como direito das minorias e de um desejo de libertar-se, tornando-se o "lugar de soberania do sujeito" (LE BRETON, 1985, p. 16). Nessa lógica, o traço corporal traduz a independência do indivíduo em relação ao social e, ao mesmo tempo, a vontade de dispor de seu corpo como ele bem entende e de afirmar uma "identidade escolhida" (LE BRETON, op. cit, p. 21). Isso se acompanha de outra característica que provém do fato de que o sujeito moderno vive em uma civilização do instantâneo.

Fragmentado e serializado, ele mostra o que oculta em uma tentativa de eliminar o que separa. Tudo deve ser visto, dito e compartilhado. Simultaneamente, imprime em si mesmo as marcas que o distinguem tanto cultural quanto socialmente, através de seus adornos e símbolos.

Lócus primordial de investimento contemporâneo, envelope necessário para adornar e recobrir o sujeito, instrumento através do qual acessamos o universo simbólico de um indivíduo e, sobretudo, ferramenta fundamental para se aferir o grau de sofisticação de uma cultura, todas essas atribuições associadas ao corpo nos fazem indagar o que faz o sujeito sonhar com um corpo cuja natureza seria reinventada, um corpo poupado das necessidades do corpo natural, um corpo de matéria domada e controlada? Enfim, um sonho em que a alteridade teria sido erradicada e o gozo seria completo. Um corpo que por este artifício e pelo poder das máquinas seria não apenas aumentado e amplificado (em suas capacidades perceptivas, sua força e sua resistência), mas também escaparia, em sua totalidade ou em parte, aos aspectos incontornáveis da condição humana, como a reprodução, o nascimento e a morte.

O poder da imagem ideal "se passa a partir de uma referência ao corpo do outro e à sua presença" (LAURENT, 1997a, p. 63). A imagem de um corpo ideal sugestiona o sujeito. A perspectiva de uma identificação a uma imagem totalizante, idealizada e controlada, está, aparentemente, na origem do tratamento que alguns de nossos contemporâneos, em resposta, impõem a seus corpos.

A eterna busca da imortalidade transforma-o em um corpo de encenação da obra de arte. Os discursos da saúde, da medicina, do erotismo, tamponam o real que apavora: o mal-estar e a finitude. O corpo como obra de arte é o corpo teatralizado, palco onde as palavras são encenadas. Tal qual nas cidades povoadas pelos murais e *outdoors*, uma nova forma de escritura se estabelece.

O corpo como tela

Enquanto Bauman (2001) nos fala da liquidez dos valores na contemporaneidade, Sibília (2003) sugere que estamos desenvolvendo um horror à matéria, no que nomeia como sendo o culto ao corpo descarnado – o corpo emagrecido das passarelas, da pureza digital ou ainda o corpo *fat free*, como aponta Ortega (2003) ao falar das práticas *bioascéticas* e da *tecnobiomedicina*. Todas estas referências têm como base os discursos da obsolescência do humano, ou seja, todo um cabedal científico que está sendo desenvolvido no sentido de pensar a superação da morte, ou, ainda, da condição humana.

Segundo Ortega, o modelo ideal do corpo *fat free* aspira ser livre de doenças, de deficiências, do seu peso e, em última análise, da morte. Nas palavras do autor, o corpo da pureza digital "concretiza o paraíso na terra de um mundo sem espessura de carne, deambulando no espaço e no tempo de forma angelical, sem que o peso da matéria sirva de obstáculo ao seu avanço" (p. 61).

Para o artista plástico Stelarc, "o corpo humano no futuro não dependerá da memória dos genes, ele será reconfigurado e reinscrito em um circuito eletrônico" (1997, p. 47). O artista considera assim a possibilidade de renunciar ao seu corpo e ao seu Eu para se submeter integralmente às diretivas do Outro, que tomaria a forma de um gigantesco computador totalitário distribuindo suas ordens sob a forma de impulsos elétricos.

Sibília (op.cit.) destaca na estética contemporânea o desejo de transcender a materialidade orgânica – um corpo que almeja adquirir o status de alma, sendo que em um só tempo estaria livre da degradação da carne e assumiria a condição de sagrado, uma vez despojado dos seus recheios impuros e indesejáveis.

Da mesma forma, o corpo virtual projetado com a ajuda de programas de edição gráfica como o *Photoshop*, ou ainda o corpo *high-tech*, consertado com a ajuda do bisturi, possuem a assepsia e a pureza características do corpo descarnado. O corpo do qual falamos é bidimensional, chapado, oco e sem conteúdo, mas também sem odores, mazelas e com a textura lisa da página de uma revista ou a temperatura gelada da tela do computador, estando o seu uso limitado ao registro do olhar. Um corpo apenas para ser visto!

Visto como um software, o corpo tem o seu estatuto modificado em nossa cultura – a visão do corpo como objeto de *design*, e não mais de desejo, o faz obsoleto, tal qual bens de consumo que são marcados pela obsolescência típica da sociedade em que vivemos. Por esta razão, o corpo deve sofrer constantes alterações em busca de novas identidades; novas imagens lhe são emprestadas num devir eterno e constante.

De um ponto a outro do planeta, podem ser difundidas tanto operações cirúrgicas de natureza terapêutica quanto intervenções de natureza artística, como aquelas da artista francesa Orlan. Em *real time* se difundem os novos saberes sobre o corpo, as últimas realizações ou as últimas perspectivas biotecnológicas de modificação e de controle do corpo natural, ou, ainda, os debates sobre os direitos de dispor do corpo, seja o *meu* corpo ou aquele da espécie humana.

Segundo Tucherman (2004), a diferença de um paradigma para outro talvez possa ser expressa da seguinte maneira: migramos do "Decifra-me ou te devoro, para o Cria-me porque tecnicamente és Deus" (p. 141).

O que observamos na cultura atual é um esboroamento das fronteiras entre natural e artificial, observado na artificialização dos nossos valores estéticos. O padrão estético vigente – seco, sarado e definido – e sua proposta de intervenção corporal constante, quer seja subtraindo pedaços da anatomia ou adicionando próteses, parece apontar para uma artificialização do corpo, ou melhor, uma indistinção entre o homem e as máquinas, robôs, *cyborgs* e outras tantas figuras que povoam o imaginário da ficção científica.

Alguns autores contemporâneos como Sibília (op. cit.) e artistas plásticos como Philippe Stelarc (op. cit.) e Kiki Smith, representantes da chamada "arte carnal" assim como Orlan, definem este corpo contemporâneo como *high-tech*, uma vez que é perscrutado e avaliado pela ciência e pela medicina com a ajuda de novas tecnologias. Tal qual a exposição *Autorretrato falado*, idealizada por Jair de Souza, as intervenções propostas por estes artistas têm como denominador comum, além da interferência de artifícios tecnológicos no corpo e na aparência do sujeito, a interatividade com o espectador. A exposição, realizada no Centro Cultural Banco do Brasil, em 2007, trata de refletir e simultaneamente brincar com os processos em torno da construção da imagem de si mesmo através da elaboração de um "autorretrato falado" (NOVAES, 2007b).

O australiano Stelarc percebe o corpo humano como um objeto que se tornou "obsoleto". No lugar dessa mistura de ossos e carne putrescível, corpo-rejeito que para ele não apresenta mais nenhum interesse, o artista imaginou "um corpo-máquina" que teria todas as virtudes. Stelarc construiu próteses cibernéticas impressionantes, que lhe deveriam conferir grande força e capacidades aumentadas.

Há, portanto, que se ressaltar a indagação feita por Samacher (2007). Quais as consequências da rejeição do inconsciente quando as criaturas se tornam "a-sujeitos" que perderam toda a humanidade? Quais os efeitos da foraclusão do sujeito, que uma concepção não humana e maquínica do mundo inspirada no discurso científico teria contribuído para fabricar?

Hoje em dia vale muito mais um braço sarado, seco e definido do que um bando de roupas no armário... O corpo ideal é aquele que é

> *visto como um objeto de consumo, objeto de prazer* (Maria, 52 anos, estilista).

Assim, algumas vezes, exibem-se o bíceps, a panturrilha ou a rígida musculatura do abdômen como ícones da perfeição pretensamente atingida. A escultura perfeita, a obra de arte a ser admirada. E a arte, como nos relembra André Malraux, é a única coisa que resiste à morte.

Sabemos que a construção do corpo guarda, sobre o mesmo, expectativas sociais e não apenas individuais.

Stelarc sonha com um cérebro inteiramente dirigido a distância por um computador ou uma rede de computadores e que obedeceria unicamente a um processo de estímulo-resposta. Esta ideia se situa na mesma base das performances-instalações realizadas por outros artistas contemporâneos que colocam em jogo o princípio de interatividade.

Se somente os deuses não são visitados pelo tempo, certamente na sociedade contemporânea, cada vez mais, procura-se minimizar os efeitos desta visita. Negação da finitude?

> Um ser-sem-corpo seria também um ser-sem-dor. Um ser anestesiado, ou seja, sem sensibilidade, insensível: um ser-sem-estética. Um ser-sem-dor não é concebível. Uma tal entidade, não pode ser. Ao mesmo tempo em que a arte parece procurar um fim do corpo, as ciências da vida tentam encontrar os caminhos para a sua imortalidade (LOPES, 2001).

Longe de fazer apelo ao Outro e de reintroduzir, com o desejo, uma dimensão estética, Stelarc quer de fato excluir totalmente a dimensão não programável, inconsciente, do ser humano em benefício de uma entidade onipresente, onisciente e onipotente. O "corpo vazio" de Stelarc se assemelha à concepção artaudiana do corpo "sem órgãos", sob sua forma ovoide, andrógena e paranoide – totalidade fechada nela mesma que recusa e condena toda a realidade (SAMACHER, op. cit.).

Atualmente, multiplicam-se os estudos sobre a influência da tecnologia na cultura. Em particular, com a expansão da Internet assiste-se também à proliferação de trabalhos que investigam os seus efeitos nas sociedades e nos indivíduos.

Cibersociologia e ciberantropologia são duas novas disciplinas universitárias correntes nos Estados Unidos, Canadá e Inglaterra, só para citar alguns países. De acordo com Tucherman (op. cit.), vivenciamos uma experiência radical de alteridade ao fazer uso das biotecnologias. Nas palavras da autora:

> Onde somos radicalmente outros é no uso que fazemos das biotecnologias e das exteriorizações: cirurgias plásticas, medicina ortomolecular, reposições hormonais, complementos nutritivos, liftings químicos ou a laser, Botox, lipoescultura, e outros tais que parecem fazer uma hibridação da nossa subjetividade estetizante e o universo das técnicas disponíveis (p. 141).

Segundo Desprats-Pequignot (op. cit.), é nesta conjunção que se produziu o terreno propício ao sucesso planetário de uma fantasmática corporal moderna, marcada pelo cenário da reinvenção do corpo e de sua natureza, pela transformação e pelo controle de sua matéria, como parece ter sido antecipado pela literatura de ficção científica, sobretudo aquela produzida por Huxley, Asimov e Dick.

Em decorrência dos progressos da ciência e das novas tecnologias, cada um poderia se beneficiar de um novo corpo, tornar-se um novo homem. Isto imaginariamente garantiria o acesso a um outro corpo que teria ultrapassado a condição humana – o *corpo natural* entregue à sua sexualidade, ao seu nascimento, à sua morte, à sua degenerescência, à perda e à efemeridade de sua vida (NOVAES, 2006b).

Graças a essas tecnologias, não somente um novo corpo se fez como fruto apenas da vontade, como dissemos, mas também um corpo produzido pela manipulação genética, por células-tronco e pela clonagem; um corpo composto de outros materiais (metais, polímeros, eletrodos etc.); enfim, um corpo sem corpo, desmaterializado. Um corpo do qual cada um pode fazer-se mestre de sua origem e matéria, de sua vida e morte, de sua alteridade e gozo, gerando sua *matéria digital* e fabricando sua *carne virtual* em uma fusão com a rede, útero do *cybercorps*.

Um corpo para além do humano?

Da eclosão do imaginário contemporâneo tratando de um novo corpo, do qual a ficção científica desenhou os protótipos, à pesquisa, através de todos os meios permitidos pela ciência e pela técnica, o que se busca é a transformação, a transmutação e a transposição do corpo carnal e de sua natureza.

Não estaria aqui em jogo um motor comum? O motor de um mesmo desejo que seria tanto uma ligação quanto uma fonte de todos os quereres que declinam ou convergem, talvez o sonho do corpo novo e de todas as conjugações de suas versões? Tal desejo seria o sentido original do termo *avatar*, um termo que não foi tomado ao acaso e que pode nos colocar na pista do que é procurado, do que está em jogo. Esta palavra, no hinduísmo, significa encarnação, descida de Deus à Terra. Fazer-se Deus (DESPRATS-PEQUIGNOT, op. cit.).

A teia obscura do ciberespaço terá sido apenas uma miragem momentânea de um lugar sem-lugar e falsamente imaterial? Um lugar sem corpo; um lugar sem corpos. Onde nada acontece, porque o acontecimento é da ordem do humano corpóreo.

Sausse (2008) chega a indagar:

Teria a modernidade feito um homem reduzido tecnicamente a seus órgãos? Um corpo que seria um produto fabricado? O assujeitamento do humano ao rolo compressor de uma ideologia redutora do fenômeno humano, submetida aos ideais de performance e excelência, poderia nos autorizar a dizer que não haveria mais nem o sujeito na cultura nem o paciente na clínica? (s/p).

Conforme mencionado anteriormente, um desejo que mobiliza as ciências e a tecnologia e que constitui um possante motor para seus avanços e determina a direção de suas pesquisas: *fazer-se* mestre do corpo e do *mistério* da natureza humana.

A tecnologia contemporânea, largamente utilizada nas experimentações científicas, médicas e nas criações artísticas, vem servir às realizações de desejos que constituem *cyborgs* e avatares em que se inventa uma realidade do corpo da qual se pode ter o controle e o gozo à vontade.

A desorganização levou Artaud à morte, ou seja, à experiência limite que buscou durante toda sua vida – a do corpo sem órgãos, conceito central de sua teatralidade. É preciso, contudo, entender o significado do conceito – entender o órgão como inseparável de uma afecção. Ou seja, o que pode um olho independente do que é capaz de enxergar?

Os órgãos como um direito de Deus – esta foi a problemática trazida por ele em sua obra teatral. Tensão constante – duas forças antagônicas: de um lado disciplina, lei e ordem como uma forma de aprisionamento, de outro a desmesura como força criadora.

Fazer-me só, sem ajuda de ninguém, super poderoso, imortal, fazer aquilo que quero, quando quiser, como quiser e para tanto, conhecer e erradicar o mistério da natureza humana.

A questão que se coloca é: como criar para si um corpo sem organização – no sentido disciplinatório do termo? A construção desse corpo é a assunção de um corpo do desejo. Não é possível separar a produção desse corpo desejante de um movimento de organização.

O capital simbólico do corpo

Corpo é também capital. Tem valor de troca ou, como bem, adquire um *status*, a partir das insígnias que o belo corpo carrega consigo. Esses signos, condensados na figura do belo corpo, traduzem os valores da sociedade de consumo, como apontam Bourdieu (1987), Featherstone (1995), dentre vários outros.

É importante ressaltar que a beleza sofre mudanças sempre atreladas ao que ocorre na cena social e política.

Pitágoras era a favor da harmonia entre as proporções: "a especulação pitagórica reconhece uma exigência de simetria que sempre esteve viva em toda arte grega" (ECO, 2004, p. 72). O matemático, inclusive, comparava a beleza a proporções musicais. Toda essa valorização da simetria também é facilmente notada na arquitetura grega; a disposição das colunas, típicas desse período histórico, exemplifica este fato.

Tomás de Aquino fala sobre a "beleza moral", e Boécia constata que a "beleza exterior" tem seu término, é fugaz, então devemos nos voltar para outros valores que duram para sempre.

No século XVI, ainda marcado pela moral religiosa medieval, a mulher deveria ter uma beleza casta. Havia uma hierarquia do corpo com partes mais e menos "nobres", reflexo de uma sociedade cuja rígida estrutura de classes começava a ser ameaçada. Os espartilhos, tão apertados, podiam levar à morte. Desde cedo é impossível ignorar a vontade de uma certa silhueta: dicas e regimes alimentares para emagrecimento eram abundantes.

As "partes nobres", alvo das atenções e principais cuidados, eram as partes altas mais próximas dos astros celestes: rosto, busto, braços. Falar de beleza era, principalmente na primeira metade daquele século, falar do rosto, da fisionomia. O intenso alargamento dos vestidos transformava a saia em pedestal do busto, causando uma cisão no corpo entre o alto e o baixo. Vigarello observa que ver o corpo assim "tem por consequência impor o triunfo do estático sobre o dinâmico. Ele elimina qualquer combinação de força e de tensão" (2006, p. 20). Creio que é inevitável, então, não pensarmos nisso como reflexo de uma sociedade em que a rígida estrutura de classes começava a ser ameaçada, entre outras coisas, com uma maior mobilidade social vertical que não fosse apenas pela herança de títulos e casamentos arranjados.

Todavia, é preciso observar que, junto com essa estética do singular que se organizava, os estudos anatômicos, de beleza e de saúde têm a referência da coletividade. Por um lado a ideia da degradação das formas humanas, ideia que equivale à modernidade, argumentando-se que na Paris de 1768 o povo estava debilitado, com dentes estragados, corpos raquíticos e curvados, por conta de uma cidade com espaços saturados, falta de ar e ruas estreitas demais. Por outro lado se via surgir a cobrança da responsabilidade do Estado pelos recursos coletivos, garantias de bem-estar e de saúde.

A beleza passava a depender dos lugares e climas, costumes, limitações e trabalhos. É preciso notar que na busca por uma estética a partir de corpos menos constrangidos e mais livres estava uma sociedade nascente, que recusava a velha etiqueta aristocrática em prol de um modelo mais ativo, vigoroso e saudável (VIGARELLO, 2006).

Mudanças profundas propiciaram uma revisão do corpo, da vestimenta, da educação. Contudo, como veremos, é o que nos deixa claro Foucault (1985a): trata-se antes de um modo de vida a ser constituído pela e para a burguesia, e, portanto, uma "liberdade" que fabricou certo tipo de homem, "liberdade" como modo de controle da vigorosa burguesia.

É com a entrada do século XX que o embelezar se torna uma ação sobre si. Mais do que nunca o indivíduo tem obrigação de ser belo. O tema gordo versus magro arraiga-se definitivamente na questão da beleza. A beleza não é mais a revelação de Deus, como no século XVI, ou da sensibilidade, como no século XVIII, mas a revelação de si mesmo; o indivíduo do século XX abre-se sobre si próprio, interessando-se pelas aventuras da própria consciência, inventando a si próprio. É o começo do triunfo do "eu". Nesse contexto a beleza é feita de inteligência: com o avanço das indústrias e pesquisas, dezenas de recursos já estão disponíveis, portanto, não há mais desculpa para não ficar bela. Maquiar-se é uma verdadeira pintura, com camadas de pastas e pós, e pincéis dissolvendo verdadeiras tintas. Se não havia o peso de seguir um modelo específico de beleza, havia o de ser belo, o que não é pouco. Mas os modelos existem, de forma mais ou menos rigorosa, em todas as épocas.

Decerto as propostas de regime são numerosas a partir de 1890, mas trata-se mais de um meio "para não engordar" do que para emagrecimento sistemático. No fim do século, com a água canalizada, o banheiro burguês é a "conquista de um espaço 'para si': lugar que permite 'não ser visto' para melhor se consagrar ao 'culto da beleza'" (VIGARELLO, op. cit., p. 135).

Desde a década de 1930 o peso é critério fundamental na beleza e também na saúde. O corpo é largamente manipulado: entramos na era da cirurgia plástica. Mas como traçar no bisturi um eu singular? Um eu que me represente? Como o homem contemporâneo está construindo seu próprio corpo a partir das referências sociais que vivencia de um mundo de certezas científicas e técnicas mirabolantes e inimagináveis?

E quais seriam as demandas contemporâneas? Que imagem de corpo é exaltada na cultura vigente? O *status* do corpo é adquirido através de sua jovialidade (eternização da juventude), de sua beleza (cria-se uma nova categoria de exclusão – a feiura), da aparência de felicidade (estando aí incluída a imagem de sucesso – aqueles que deram certo são os que portam todos os traços até então citados), de seu poder de atração sexual (só à juventude atribui-se este poder – sendo a mídia o principal agente disseminador desse discurso) e, finalmente, do quão longevo parece ser: a tentativa desenfreada em retardar os efeitos do envelhecimento – medicina/tecnologia aliadas no combate à morte.

Recente pesquisa feita pelo *The New York Times* aponta para uma enorme diferença salarial (quando são contratadas!) entre mulheres bonitas e feias. O caderno "Boa Chance", do jornal *O Globo,* de 15/8/2006, denunciou concursos públicos em que era exigido o IMC (Índice de Massa Corporal) dos candidatos.

A imagem do belo corpo traduz o anseio atual, quer seja esculpido nas academias de ginástica, quer seja remodelado em clínicas particulares e hospitais, através do *bodybuilding* ou do *bodymodification*. Transformar o corpo está na ordem do dia. É curioso notar que o *bodybuilding* se inicia na mesma década em que a cirurgia plástica se aproxima da sua forma moderna, 1890 (DAVIS, 1995). Portanto, seja através de roupas, adereços e cosméticos, seja por meio de cirurgia plástica, de forma efêmera ou permanente, o corpo é sempre transformado em um signo cultural – o corpo como capital, segundo Bourdieu.

Conforme apontamos em trabalhos anteriores, a beleza é via para a possibilidade de ascensão social, dos contos de fada (O príncipe e a gata borralheira) às produções cinematográficas (*Uma linda mulher*) e mesmo no mercado de trabalho, como assinalado acima; beleza é valor e moeda de troca – beleza é capital.

Não causa, assim, espanto perceber como os exercícios dirigidos, o dispêndio de tempo, energia e dinheiro são típicos de uma burguesia já acostumada com projetos rigorosos de médio e longo prazo. O corpo visto como capital, tal qual as revistas nos informam, precisa ser investido e trabalhado, para ser valorizado e possuir condições de competitividade. A consciência corporal é de tal ordem que parece impensável não investir tempo e dinheiro em tal projeto. O corpo não é mais visto como algo dado: "Para estas mulheres a anatomia não é mais o destino, mas um capital, logo, um projeto de longo prazo" (MALYSSE, 1997, p. 165).

Como aponta Costa, "o corpo tornou-se um dos mais 'belos objetos' de consumo, no capitalismo atual" (1985, p. 154), o que significa que hoje o sujeito serve ao corpo em vez de servir-se dele.

Vemos assim a dimensão de regulação e controle das práticas corporais, ao sublinhar o lugar que a beleza assume como valor social. Nossas regulações permanentes, bem como nossos referenciais identitários estão bastante enraizados nas expectativas relativas ao corpo, e qualquer contravenção estética maior provoca um mal-estar, retira-nos do âmbito da ordem, sem nos darmos conta, claramente, do que desencadeia isso e dos elementos implicados nesse processo.

Foucault busca analisar como diferentes formas de sujeito se constituem através de certo número de práticas. Para tanto, como ele sublinha, era preciso recusar qualquer teoria *a priori* do sujeito. Este se constitui a partir de algumas regras, estilos, convenções que encontra no seu meio cultural e que lhe são propostas, sugeridas, impostas; práticas de sujeição ou, de modo mais autônomo, práticas de liberdade. Desse modo, "não há um sujeito soberano, fundador, uma forma universal de sujeito" (entrevista para FONTANA, 2004 [1984], p. 291).

Para ilustrar essa questão, recorreremos a Perrot (1984) e seu conceito de ortopedia mental. Interrogando-se a respeito do ideal feminino de emancipação, ele analisa, historicamente, as conquistas femininas e sugere, de forma irônica, mas categórica, que estamos vivendo uma ditadura bem mais severa do que todas até então vivenciadas pelas mulheres.

O autor considera os diversos procedimentos de produção e manutenção do bom aspecto do corpo feminino entraves bem maiores na vida das mulheres do que os fardos que deflagraram a queima de sutiãs em praça pública ou mesmo o discurso médico atestando o mal que os espartilhos causavam.

Segundo Perrot (op. cit.), com a maior exposição do corpo, as atenções sobre a pele intensificam-se, assim como a rotina de cuidados com a aparência física. Para designar essa tentativa frenética de reformatação e adequação das formas, Perrot cunhou o termo ortopedia mental, que descreve, com precisão jocosa, uma ordem ainda mais tirânica que as já conhecidas formas que levaram à subserviência feminina.

Nada mais cruel do que lutar contra um inimigo implacável e inexorável. Contra a ação do tempo, as mulheres lutam, tentando manter-se sempre jovens e belas. Frenéticas e enlouquecidas, consumindo compulsivamente toda sorte de produtos que prometam retardar o seu envelhecimento e manter sua beleza, essas mulheres lutam na verdade contra si, perdendo-se no espelho, à procura de si mesmas. Se antes as roupas as aprisionavam, agora elas se aprisionam no corpo – na justeza das próprias medidas.

No Brasil, a partir dos anos 1960, a imagem da mulher seminua, sob a ducha, de olhos fechados, mãos e braços envolvendo o próprio corpo, sugerindo o prazer de cuidar de si, o prazer de estar consigo mesma, passa a ser frequente nas revistas femininas. Essas mulheres anônimas, que podem ser qualquer uma, como ressalta Sant'Anna (1995), sugerem o contentamento único e solitário de cuidar do próprio corpo. Temos aí o advento da intimidade: a toalete não é mais feita com criados, apenas com um espelho.

Sant'Anna (1995) observa que, "num contexto de fortalecimento do discurso psicológico dirigido à mulher, os conselhos de beleza insistem que é preciso conhecer, explorar, tocar o próprio corpo... para torná-lo mais autêntico e natural" (p. 135). Embelezar é afinar a escuta em relação ao próprio corpo, "uma escuta capaz de captar-lhe as verdades mais íntimas e de responder devidamente aos anseios inconscientes de cada mulher" (p. 136).

O pudor que agora toma corpo é o de não se conhecer, não se tocar, de relegar os próprios desejos em favor da família ou dos homens. Apesar do discurso da soberania, do individualismo, do prazer obrigatório, o que assistimos na crescente valorização de produtos e métodos de beleza, como pontua sensivelmente Sant'Anna, é o desfile de nossas inquietações e a emergência das estratégias que forjamos para responder aos nossos medos mais íntimos e ultrapassar nossos limites.

Para Vigarello, isso leva a uma obsessão de promover o visível, de descobrir o escondido, o íntimo do corpo. Essa "beleza trabalhada" traz um conflito: a beleza individual versus a coletiva. Apesar de uma dispersão das escolhas, tanto há um ideal – por exemplo, o rigor com a cifra do peso, as técnicas generalizadas e bastante acessíveis – quanto uma particularidade que é obrigatória. Mas então, pergunta Vigarello, "como traçar a escalpelo um eu singular?" (2006, p. 183). O trabalho incessante sobre a imagem parece a busca de uma pacificação consigo mesmo, de uma coerência interna. Desse modo, observa o autor, o corpo vira um "parceiro" que deve ser tranquilizado, presença a serenar; o corpo materializa a parte mais íntima do si, e deve-se trabalhar sobre ele para melhor trabalhar sobre o si.

A beleza tem que acentuar as garantias visuais da autonomia e da fluidez. O emagrecimento atual insere-se nesse contexto: erotização e funcionalidade, bem-estar e individualização. O emagrecimento é obrigação rigorosa e generalizada, mas também é muito individual e personalizado, com dietas e técnicas particulares, o que dá um sentimento de domínio e individualização. Logo, alerta Vigarello, o sobrepeso é visto como um obstáculo superável por atitudes pessoais, assim, o obeso é deliberadamente obeso.

Esse contexto – em que o bem-estar individual é uma promessa generalizada e a transformação de si é obrigatória e, no íntimo, uma aposta de identidade – provoca uma mescla de emagrecimento e dúvidas sobre si. Não emagrecer é sentido como um fracasso, carregado de culpa e sacrifícios, um questionar sobre si próprio, sua competência de ser. E a sociedade atual termina caracterizada por uma lipofobia, uma "rejeição quase maníaca à obesidade", como sublinhou Fischler (1995, p. 69). O fato é que ou o gordo cede a tais termos ou é rejeitado pelo grupo. O medo de ser rejeitado é vastamente relatado por eles, no trabalho, na família, com os amigos, como descrevemos extensamente em trabalho anterior (NOVAES, 2006a).

Como observamos, o corpo e sua imagem ocupam um lugar central na vida do homem contemporâneo, na relação com o mundo e com seus pares. À subjetividade contemporânea, como formulou Medeiros, "descompromissada, desresponsabilizada, alienada, esvaziada de seus afetos e valores, só restaria a aparência. Já não mais seria a força de trabalho do sujeito, e sim sua estética, que se prestaria à criação de mais-valia" (2005, p. 21) e pela qual o sujeito é integralmente responsabilizado, como veremos a seguir.

Corpos são portadores de valores, marcados pelo gestual, mas também pelos discursos científicos, frequentemente amparados pela indústria que os acompanha – do bom ao mau colesterol, das comidas saudáveis ou orgânicas, do número de exercícios necessários ao batom que não deve conter certas substâncias, o corpo passou a ser alvo de uma das maiores regulações sociais, como bem apontou Foucault.

São igualmente lugar de poder e "um forte trunfo de gestão coletiva" (PAGÈS, 2001). Em síntese, o corpo está submetido à influência, da mesma forma que influencia a dinâmica geral da sociedade. Mauss (1934) foi um dos primeiros a demonstrar como nossos gestos mais "naturais" e nossas formas de andar, rir, chorar e comer são fabricados por normas coletivas.

O corpo parece, apesar de tudo, resistir. É resistente. É incontornável. É ele que vive. É ele que morre. É ele que poderá vir a ser imortal. Na persistência da sua presença, o corpo é político.

"Meu corpo não é mais meu corpo", anunciou Primo Levi (1947, p. 37) numa constante lembrança do que ele nos diz do inumano. Courtine (2008) nos instiga com a indagação: em meio à multiplicação dos corpos virtuais, do comércio de órgãos, da fertilização *in vitro* etc., meu corpo será sempre meu corpo?

2 Meu corpo como prisão. Conformismo e resistência na ditadura da beleza

"Meu corpo é para mim mesmo a imagem que eu creio que o outro tem deste corpo."

Roland Barthes

O estatuto da feiura

Toda vez que desejamos nos debruçar sobre algum tema, um bom ponto de partida é a investigação de suas origens etimológicas. Outra alternativa é perceber como o imaginário social, em especial a mídia, trata do tema. Comecemos pelo segundo. Alcione Araújo, conhecido dramaturgo, em uma crônica no *Diário de Minas* nos diz:

> No final de ano, andei me equilibrando sobre a inefável linha que distingue estados que são ao mesmo tempo consensualmente nítidos e racionalmente indefiníveis. Refiro-me à feiura e à beleza. Em especial à feiura e à beleza da mulher. Muito do mundo gira em torno dessas categorias, ou melhor, dessas instâncias de percepção – sobretudo sua banda mais frívola, mais habitada por mulheres, refletindo supostas preferências masculinas, mas não somente ela. A questão se espraia e contamina outras esferas. A história mostra que a beleza pode provocar reações e atitudes de deslumbramentos, paixões arrebatadas, fortunas, prazeres e encantamentos de contos de fada, disputas e até guerras. Já a feiura pode ensejar a rejeição, a discriminação, a compaixão, a solidão, às vezes, o abandono. Não vaticino, apenas sugiro que essas extremadas situações podem ter tais desfechos. Todos nós sabemos histórias de beleza e feiura, porém, preferimos falar da beleza. Sobre a feiura, silenciamos – quem sabe reflexo do mito grego de que o belo é bom e o legado do mito infantil de que o mau é feio (2006, p. 8).

O termo feiura tem sua raiz no latim *foeditas* e quer dizer, simultaneamente, sujeira e vergonha. No francês, a palavra *laideur* é uma derivação do verbo *laedere*, que, em latim, significa ferir. Já no alemão, a palavra utilizada para designar feiura é *hässlichkeit*, termo derivado da palavra *hass*, que quer dizer ódio. E, finalmente, em japonês, a palavra feio – *minikui* significa "difícil de ver".

Em um interessante artigo sobre alteridade e estética, Feitosa (2004) busca demonstrar como estética e feiura não são categorias excludentes, ao contrário do que costumamos pensar. Através da análise histórica das inúmeras estéticas do feio, o autor busca desnaturalizar o que entende ser um senso comum na atualidade: a ideia de que o feio é a antítese do belo e de que a sua negação representa a feiura como sinônimo de falta de beleza. Em síntese, como nos aponta Feitosa, "a feiura parece ser, nesse contexto, algo a ser melhorado ou eliminado" (2004, p. 29).

A definição do autor parece estar em consonância com a fala de nossas entrevistadas, que, através de relatos contundentes, nos transmitem a dor e o difícil fardo que é carregar o gosto amargo da exclusão daqueles que são considerados esteticamente imperfeitos, bem como desviantes dentro do cenário de moralização da beleza na qual o culto ao corpo é a religião.

Retornemos a Araújo:

> A feiura é uma característica consensual e silenciosa, o que dá matizes de crueldade social. Todos sabem quem é a pessoa feia, mas, pelo menos entre adultos polidos, faz-se um tácito silêncio que, no âmbito da sedução, simpatia e aceitação, sugere oportunidades iguais. Mas todos sabem: a feia terá menos chances. Ela sabe disso. E sofre silenciosamente por isso. [...] Exceto o olhar de Shakespeare e Victor Hugo para os monstruosos Caliban e Quasímodo, a simpatia de Dostoievski pelo Príncipe Michkin e a folclórica Xantipa, mulher de Sócrates, a literatura não tematizou a questão (p. 8).

Frases proferidas com o intuito de estimular ou mesmo reforçar positivamente as pessoas gordas a persistirem com dietas e/ou rotina de exercícios ilustram bem a ideia do corpo magro como um ideal a ser atingido, bem como a representação social do gordo como um imperfeito que deve ser reeducado, de forma eficiente à moralização do bom comportamento. Nesse sentido, conforme afirmado tantas vezes neste trabalho, nada espelha melhor a moral do culto ao corpo do que a disciplina, a perseverança e a obstinação.

Vejamos alguns exemplos:

Vai, gordinha, que você chega lá ou, no caso de demonstração de cansaço; *olha aonde a preguiça te levou até agora; maromba é coisa de gente guerreira, se quiser ter um corpo sarado precisa ser perseverante* (Professor de ginástica. In: NOVAES, 2001a, p. 62).

O seu corpo é um reflexo do seu comportamento – se você for uma pessoa ativa, metódica, disciplinada, terá um corpo magro e sequinho, condizente com a sua personalidade, mas se for paradona, preguiçosa do tipo que só gosta de comer e dormir, fatalmente será gorda, caidaça e toda flácida (Personal trainer. In: NOVAES, 2001a, p. 65).

Finalmente, um dos relatos que melhor afirma a ideia da exclusão social infligida às mulheres gordas será, justamente, a negação de sua sexualidade, conforme apontamos acima. Nesta sofreguidão, a feia – ou a que não se julga bela – paga alto preço: torna desprazerosa, angustiada e persecutória a relação com o próprio corpo. De fonte de prazer a calvário, eis a perversão.

A fala do amigo de uma de nossas entrevistadas evidencia como a imagem da mulher gorda é desvinculada da de beleza e, portanto, do poder de atratividade e incitação do desejo sexual masculino. Como veremos a seguir, caso desejem ser belas e atraentes, devem, primeiro, se livrar da gordura.

Um amigo meu uma vez me disse: se quiser ser desejada, emagreça, pois é óbvio que ninguém vai olhar para a gordinha "cocota" e sim para a saradona "cascuda". Agora, se quiser continuar se contentando em ser aquela garota apenas simpática – aí tudo bem, não falo mais nada, mas também não venha mais choramingar no meu ombro infeliz porque os carinhas só te querem como amiga (Bianca, 29 anos, jornalista).

Parece que a fala do amigo diz à nossa entrevistada que ela é menos mulher por ser gorda, logo, feia. Ser gorda lança-a na condição de apenas amiga dos homens, ou seja, só as magras podem exercer sua feminilidade plenamente, pois conseguem despertar o desejo dos "carinhas". Conforme veremos mais adiante, feiura é índice de menos-ser.

O interessante trabalho de Sergio Medeiros *O belo e a morte: uma abordagem psicanalítica sobre a estética e o sujeito feminino* (2005), nos fornece algumas pistas sobre esse estatuto da feiura. Segundo Medeiros, o Bom e o Belo teriam seu fundamento primordial no desejo, e se hoje, em seus enunciados, não se remetem um ao outro, a noção de Feio faz oposição a ambos.

Ao pesquisarmos o *Dicionário da Língua Portuguesa* de Aurélio Buarque de Holanda veremos na definição de feio:

1. Disforme, desproporcionado; 2. Situação desairosa, má posição moral; 3. Desventuroso, triste, escuro; 4. Indecoroso, torpe, vil.

O Feio é desarmônico, desproporcionado, desairoso, desventuroso, moralmente mau e indecoroso; além de torpe, vil, triste e escuro. Assim, Feio é o lugar marcado pelas qualidades negativas ou pela falta de qualidades, conforme nos indicam os prefixos.

De fato, além dos elementos negativos dos pares de opostos, como triste e escuro, o Feio é caracterizado pelos prefixos de negação *des* e *in*. Tais prefixos são tão abundantes nos termos que buscam explicar o Feio que, através da língua, ele parece confundir-se com a própria negação. Assim, mais do que a ausência de qualidades ou quaisquer outros atributos, o Feio se apresenta como negação. Entretanto, sabemos por Freud o valor afirmativo de uma negativa, particularmente, quando ela insiste, assinala Medeiros.

O que estaria o Feio afirmando com a persistência de sua negação?, indaga o autor. Seguindo seu raciocínio, talvez possamos encontrar uma resposta no conjunto das qualidades que não encontramos no Feio. A presença de tais atributos descreve um ser de formas harmônicas e bem proporcionadas; de elevados princípios morais e decoro; um ser alegre e bom, honesto, franco, claro e venturoso. Enfim, ao que não é o Feio não lhe falta a completude.

> Parece, então, ser esta falta que o Feio insiste em afirmar. Assim, feia é a ausência de qualidades ou feio é ser faltante. Enfim, feia é a própria falta. Acreditamos ter ficado mais claro agora por que o Feio teve negado seu acesso à categoria estética por tanto tempo. Não nos agrada, nem um pouco, depararmo-nos com a incompletude e a castração. Entretanto, se ela não referir-se a nós, mas ao outro... Nesse caso, o objeto feio, incompleto e castrado, poderá contribuir para mitigar a angústia de nossa condição faltante e nos apoiar na construção ilusória da completude de nossa existência. Assim, o Feio representa uma solução para o Belo, pois é a partir do que ele nega em si que algo se pode afirmar em seu oposto (MEDEIROS, 2005, p. 95).

Entretanto, o Feio não se articula apenas com o Belo. Seu campo parece mais vasto. Dentre os significados do que é Feio, há o adjetivo *disforme*, que, além de monstruoso e horrendo, também significa tirado da forma ou sem forma. Ora, pensamos a relação estética exatamente como um movimento dos sujeitos em busca de uma forma, um perímetro para o vazio ou os contornos do desejo. Como então abrigar o Feio na função estética?, continua Medeiros em sua indagação:

> Talvez possamos nos satisfazer com a ideia de que, assim como é o Feio que assegura a existência do Belo, seria ele também a causa da função estética. Se como dissemos, feia é a falta, a estética é então a tentativa de negar o Feio e escapar da falta. Assim, encontra-se nele sua razão de ser (p. 93).

Dentre os inúmeros questionamentos sobre o estatuto da feiura que Feitosa (2004) propõe, tendo como abordagem principal os critérios artísticos de julgamento sobre a feiura, quer seja na literatura, na música, na grande mídia sensacionalista, na aparência humana ou de uma paisagem, nos chamou atenção um deles em especial: o que haveria no feio que ao mesmo tempo nos atrai e nos repele?

Se por um lado, no que concerne às relações humanas, a convivência com pessoas feias em espaços públicos tem se tornado bastante problemática, no tocante à mídia televisiva de massa é cada vez maior a audiência de programas que exploram diversas facetas da feiura.

Citemos alguns exemplos ilustrativos: a falta de pudor ao expor as tragédias humanas e a intimidade dos sentimentos em rede nacional, bem como a superexposição do corpo e outras formas de bizarrices como o voyeurismo incentivado em programas em que se pode acompanhar o cotidiano de pessoas trancafiadas em estúdio durante meses. Tudo isso é mostrado no sentido de conquistar a preferência dos telespectadores e caracteriza o grotesco televisivo da atualidade.

Como explicar então a ambivalência de sentimentos causados pela feiura? Encontramos, simultaneamente, fascinação e prazer versus uma política de tolerância zero que vimos em relação aos gordos.

É curioso notar que a mesma dificuldade por nós encontrada em relação a uma literatura especializada em refletir sobre a feiura foi também constatada no âmbito filosófico, ou seja, parece existir uma carência de questionamentos sobre o estatuto da feiura, fato apontado por Umberto Eco já na introdução do seu livro *História da feiura* (2007).

Segundo Medeiros (op. cit.), até a contemporaneidade os teóricos da estética se dividiram entre a inaceitabilidade do Feio na criação artística, como Platão, Lessing e Solger, ou postularam sua absorção pelo Belo, como Aristóteles, Kant, Rosenkranz, Shasler, Hartmann e Bosanquet. O Feio, no entanto, parece ter obtido uma acolhida melhor entre os artistas. Assim, desde a Idade Média a pintura não hesitou em representar o Feio com o intuito de evidenciar as limitações e imperfeições mundanas.[5]

De qualquer forma, apesar de o tema da feiura ter sido negligenciado ao longo da história do pensamento, tentaremos retraçar o caminho feito por alguns pensadores. Portanto, ainda que seja através da compreensão que esses mesmos autores tinham da feiura como o Outro da beleza, tentaremos extrair algumas proposições sobre o conceito.

Para tal, começaremos nosso percurso histórico com Sócrates. No diálogo platônico de Parmênides, Sócrates é categórico ao dizer que as coisas feias não participam do mundo inteligível, o que destitui o feio de qualquer qualidade que mereça ser pensada.

Ao contrário do que sabemos em relação ao grotesco, no qual as coisas imperfeitas, sujas e desprezíveis eram a matéria-

---

5 O trabalho de Medeiros é extremamente rico em ilustrações das pinturas mais representativas da estética do Belo, do Feio e do Grotesco, além de uma rigorosa análise de sua articulação com o desejo.

-prima das manifestações populares ou estranhadas e repelidas na sua versão romântica tardia, no caso de Sócrates, o feio não era sequer passível de representação. Destituído então de uma identidade, o feio nada podia ser. Nas palavras de Feitosa: "O feio é um '*me on*', algo que não deve ser; logo, pensar o feio é uma forma de pensar o nada ou de nada pensar" (2004, p. 30).

Dando continuidade às reflexões socráticas sobre a feiura, Platão afirmará que a feiura humana é a manifestação de uma perturbação afetiva, podendo ser considerada como uma irrupção do irracional. Como exemplo, Platão cita o estado de rebaixamento da consciência presente tanto na loucura como no caso de embriaguez. Ambas geram uma perda de identidade que, em última análise, caracteriza a feiura.

Aristóteles e seu mestre, Platão, falando a respeito da beleza, apontam "os três desejos de todo homem: ser saudável, ser rico por meios honestos e ser belo" (apud ECO, 2004, p. 330). Segundo Aristóteles, "a beleza pessoal é uma recomendação muito melhor do que qualquer carta de apresentação". Percebemos então que há muito tempo grandes pensadores da humanidade já compreendiam a beleza como algo a ser desejado e bem quisto no meio social.

Em Tebas, cidade grega, a estética já era valorizada: "Quem é belo é caro, quem não é belo não é caro". Esta frase foi cantarolada, como narra Hesíodo, nas núpcias de Cadmo e Harmonia, o que denota uma junção da beleza com outra qualidade – há uma união do belo a algum outro valor, como, por exemplo, justiça: "O mais justo é o mais belo" – oráculo de Delfos justificando seu critério de beleza (ECO, 2004).

Zeus, segundo a mitologia, já havia estipulado uma medida justa para cada indivíduo. Nas paredes do templo de Delfos, esta designação de Zeus era ratificada através de escritos como: "Observa o limite", "Nada de excesso"..., o que pode nos remeter aos dias atuais, em que as medidas que devem ser almejadas por todos são fixadas pela mídia através de revistas e da televisão, não mais escritas em paredes, e ninguém deve cometer a atrocidade de ultrapassá-las.

Na contramão do que afirmam Sócrates e Platão, nossas entrevistadas reivindicam uma identidade, um lugar bem marcado diante do olhar social que lhes nega o direito a uma vida plena de prazeres. Em vez do "não-lugar" e do alijamento social, a afirmação de uma identidade gorda integrada ao todo social.

Na esteira da questão da representação, estaria a ideia de que a feiura é um desprazer que se manifesta como uma violência aos sentidos. Entretanto, parece estar referida somente a percepção sensível mais sofisticada, ativa e racional, como no caso da visão e da audição. Nas palavras de Feitosa:

> Um rosto deformado agride o olhar, uma dissonância musical fere os ouvidos. Existem diversos objetos que ofendem também o tato, o gosto e principalmente o olfato, entretanto a ofensa a esses sentidos, ditos inferiores ou sombrios em razão de sua passividade, não é estética. O cheiro da matéria em decomposição é desagradável, mas não é feio (2004, p. 30).

No entanto, as acusações em relação ao feio não estão baseadas somente no critério daquilo que é agradável aos sentidos. As distinções entre beleza e feiura também remetem aos aspectos morais. Dessa forma, o que se apresentam são pares de distinções que utilizam a feiura como categoria acusatória do mal, associada aos qualitativos depreciativos da moral.

Assim, se fosse possível falar em uma representação platônica da feiura, ela conjugaria a ideia de excesso, desequilíbrio, desmedida, caos, enfim, tudo aquilo que se opõe à beleza e, portanto, é ruim. Em contraposição, como era de se esperar, temos a beleza associada ao bem e às virtudes do caráter, ou seja, à simetria, ao equilíbrio, à proporção, à ordem e ao esplendor.

Em uma interessante analogia do ideal de beleza platônico para tempos mais recentes, Del Priore, ao relatar os processos de alquimia usados para a cura de diferentes afecções, aponta para a relação sempre presente entre a pureza e os tratamentos cosméticos:

> É óbvio que tais produtos não eram usados sobre a pele sem certos cuidados. Cozimentos, exposição ao sol, macerações buscavam decompor ou desmaterializar o componente original [...] Era preciso purificar para embelezar. Matérias puras, límpidas essenciais são ainda hoje associadas à eficácia de certos produtos. A ideia platônica de associar beleza e pureza persistiu a despeito da passagem dos séculos. (2009, p. 30).

Da Grécia Antiga à Idade Média, percebe-se que o feio é visto como alguém completamente fora das regras de proporção e harmonia que fundamentam a beleza física e moral; é como se a natureza lhe tivesse tirado algo que deveria lhe ter sido dado. Aqui, novamente, há uma equiparação da beleza a uma característica virtuosa, pois ter harmonia nas proporções significa também ter uma "beleza moral". Este fato também é retratado nos contos de fadas, que foram criados nesta época, em que as bruxas malvadas são feias e velhas e as princesas, que são bondosas, são sempre muito bonitas.

Como vimos, fica patente certa correspondência entre o ideal grego, que associa virtude à beleza e feiura à maldade, e o atual comportamento social gerador de exclusão e preconceito em relação às pessoas gordas/feias.

A forma como nossas entrevistadas relatam serem tratadas, como seres desprezíveis e repulsivos que devem ser privados

dos espaços públicos, e, simultaneamente, os papéis que muitas vezes se veem obrigadas a exercer, uma vez conscientes dos estereótipos morais ligados às pessoas gordas, nos fazem pensar que, se na cultura grega a feiura não deveria ser representada, na cultura atual o sentimento crescente de lipofobia afasta dos espaços públicos a feiura indesejada dos gordos, bem como do nosso imaginário a presença dos esteticamente imperfeitos.

Este é o caso do exemplo que demos acerca da produção cinematográfica americana. O desserviço mencionado sobre o papel de Hollywood no imaginário social é da ordem da não representação dos feios em papéis cujos personagens ocupem uma posição de prestígio na trama, donde se conclui que aos feios e, sobretudo, aos gordos, restam personagens estereotipados e marcados por serem maus, enjeitados, fracassados ou, na melhor das hipóteses, alguém que não deu certo na vida, é relapso, preguiçoso e até mesmo brincalhão. Assim, observamos como a ordenação do conceito de belo, sempre ideológico, escapa da classe dominante e, na sociedade de massas, passa à indústria de entretenimento.

Mas, se estamos falando de indústria cultural, não há como desvinculá-la de seus consumidores. Aí observamos uma mudança, pelo menos no tocante à feiura e aos idosos. Como há novos consumidores (seja pelo esgotamento do modelo da beleza ideal, seja também pela maior longevidade da população), já podemos perceber um novo nicho nas produções culturais voltadas para esta população – um bom exemplo seria a glamourização da personagem Ugly Betty e, mais recentemente, o estrondoso sucesso da cantora Susan Boyle. No tocante à terceira idade, a indústria dos cosméticos, das academias especializadas e a medicina (apenas para nos restringirmos ao nosso objeto de estudo) encontram nesta população um forte apelo para o consumo de seus bens.

De acordo com a Associação Brasileira da Indústria de Higiene Pessoal, Perfumaria e Cosméticos (ABIHPEC), a beleza, seus produtos e serviços constituem uma área com importantes desdobramentos econômicos, envolvendo indústrias vigorosas neste início de milênio, em todo o mundo. No Brasil, as empresas de higiene pessoal, perfumaria e cosméticos apresentaram um crescimento médio de dois dígitos, ao longo dos últimos cinco anos, e um faturamento total que, em 2008, atingiu a cifra de R$ 21.654,80 bilhões.

Uma interessante observação de Del Priore acerca do uso de cosméticos pode enriquecer essa discussão: "No decorrer do século XX a mulher se despiu [...] A pele tonificada, alisada, limpa, apresenta-se idealmente como uma nova forma de vestimenta, que não enruga nem 'amassa' jamais" (2009, p. 11).

Mas restam ainda os gordos. Com todos os avanços das práticas dietéticas, dos quais são ávidos consumidores, estes são vistos como o paradigma da monstruosidade (CORBIN et al, 2008).

Os gordos são, assim, os "novos feios" ou, como apontamos em algumas falas de nossas antigas entrevistadas, os excluídos das praias cariocas. Em um trabalho anterior (NOVAES, 2005a), vimos atribuídos aos gordos, aos farofeiros e aos gringos a categoria de "bárbaros da praia". Como nos aponta Feitosa (2004), feios são todos aqueles cuja reprodução das normas sociais da *polis* se dá de forma tosca, aparentando, aos cidadãos que ditam as normas locais, tratar-se de um estrangeiro, um desviante que, por definição, é aquele que transgride as regras através dos maus costumes. Portanto, segundo esses parâmetros, ser um bárbaro, estrangeiro e desviante é ser feio.

Meus amigos não dizem na minha cara, mas já deixaram escapar diversas vezes a repulsa que sentem ao verem pessoas gordas na praia. Depois não entendem e ficam se lamentando da falta da minha presença na praia com eles. É óbvio que não vou me expor à desagradável sensação de ser olhada com nojo. Eu sei que, mesmo se algum dia fosse à praia na companhia deles, não apresentaria o comportamento por eles descrito, em relação aos gordos: uma pessoa sem noção, que come desmesuradamente e se lambuza toda. Mesmo tendo certeza do fato deles me adorarem, sabendo de tudo o que eles pensam sobre as pessoas gordas de uma maneira geral, perco, totalmente, o tesão de ir (Carla, escritora).

Acho que as pessoas confundem gordura com falta de educação. É um absurdo, fala sério, eu sei que eu tenho modos, só que como as coisas erradas em excesso, mas esse simples fato já faz de mim uma pessoa mal-educada por não saber, mesmo que privadamente, a hora de parar de comer. Atualmente, penso mesmo é que a gordura agride aos olhos (Mariana, 29 anos, *webdesigner*).

A esse respeito, vale trazer para a nossa discussão uma contribuição valiosa de Rosenkranz (apud FEITOSA, 2004) em seu tratado sobre a *Estética do feio*, datado de 1853. O filósofo, que era discípulo de Hegel e ficou famoso por elaborar e organizar a biografia de seu mestre, em um dado momento da elaboração de sua estética dialética argumenta que o feio não é o outro da beleza, mas um momento da constituição da ideia do belo – uma etapa a ser transposta, contudo necessária na formação do belo. Na leitura de Feitosa sobre o filósofo, o feio "é uma manifestação secundária do processo de vir-a-ser do belo, quer dizer, um momento necessário, mas 'desaparecente' do próprio belo" (p. 36).

Tomando de empréstimo as ideias de Rosenkranz, poderíamos, analogamente, pensar no corpo gordo como um corpo em trânsito, um *devir* de corpo, um corpo evanescente ou, fazendo outro empréstimo, dessa vez com o título do livro de

Denise Sant'Anna, *Corpos de passagem*. Um corpo que não pode existir senão em processo de emagrecimento e aprimoramento e cuja identidade não pode ser exercida plenamente, pois não encontra um lugar social e, ainda, de acordo com os relatos transcritos acima, um corpo que deve, a todo custo, ser modificado, cortado, retalhado, a fim de que possa enquadrar-se no ideal vigente de corpo magro.

Nessa linha de raciocínio que viemos construindo, seria errado dizer que os gordos são uma cópia mal acabada daqueles que representam o ideal de beleza vigente? Se a feiura remete à finitude, à incompletude e, consequentemente, à nossa própria morte, seria dessa ordem o estranhamento e a repulsa que temos atualmente às figuras gordas?

Lembremos, contudo, que a feiura também provoca riso, podendo talvez explicar os papéis bufos outrora representados não só pelas pessoas gordas, mas também pelos anões, os aleijados, os loucos etc. Encarnações da feiura, estas figuras serviam para espelhar algo de valoroso da vida social.

Na estética, uma das formas tradicionais do feio se apresentar é através da comédia. Na *Poética* de Aristóteles a feiura aparece em uma dimensão mais amena e não causadora de dor ou sofrimento, pois tem no ridículo e no risível uma de suas formas de expressão. Também nos gêneros literários da caricatura, da sátira, da paródia, da ironia, da anedota, o feio foi explorado esteticamente em sua dimensão risível.

Contudo, não há consenso na tradição do pensamento filosófico de que a ideia de graça atribuída ao feio lhe garanta um aspecto menos agressivo. A figura do deus Hefesto é típica de uma feiura ridícula. Homero conta que, quando o deus de baixa estatura e coxo adentrava o Olimpo, os outros deuses não podiam conter as gargalhadas, deixando entender que esse riso tinha uma função apaziguadora.

Talvez fosse o caso de acrescentarmos a esta lista os gordos em sua função social de pessoas engraçadas. A aceitação social, através do ato de fazer graça e provocar riso, é um papel não negligenciável no imaginário sobre as pessoas gordas – lembremo-nos dos obesos benignos e malignos descritos por Fischler (1995), sobre os quais falaremos mais adiante.

Não nos esqueçamos também quando nossas entrevistadas falam acerca da zombaria causada ao serem percebidas tentando exercer sua sexualidade. Ao contrário do que pregava Platão, a atitude social de riso, como forma de desqualificação da figura dos gordos, parece ratificar a inferioridade atribuída aos mesmos, colocando aqueles que riem numa posição de superioridade. Aqui, a moeda de troca é a magreza.

O riso como uma resposta à sexualidade parece ser implacável: a agressividade expressa na forma de escárnio destitui de qualquer valor a sexualidade. O olhar social que dessexualiza a gordura é o mesmo que pode lançá-la na categoria de monstruosidade. Ao relatarem sentir-se como uma aberração, explicitavam o monstruoso que sua figura evoca.

> *Quando uma gordinha se aventura a entrar numa boate ou andar pela rua com uma roupa sensual tem que fingir que não percebe os risinhos, os cochichos, ser alvo das pessoas apontando na rua, como se estivessem numa apresentação de circo, boquiabertas, onde são apresentadas a coisas exóticas, bizarras, aberrações da natureza. Se não tivesse acostumada a fingir que não percebo a reação das pessoas, viveria trancafiada dentro de casa e não sairia à rua para nada* (Mariza, 19 anos, estudante de engenharia).

Nesse contexto, é pertinente retomar a ideia platoniana de feiura. Para Platão a feiura revelaria não somente uma imperfeição da conduta e da moral, como também redundaria em um problema de ordem ontológica – feiura é índice de menos-ser.

A imagem da gordura como uma deformidade monstruosa nos faz estabelecer uma analogia com uma fábula muito conhecida, a de Frankenstein. A reação de medo e horror provocada pela aparição do monstro também nos faz lembrar que a pobre criatura estava destinada a viver só, ainda que tivesse se apaixonado por uma mulher. Vale lembrar que, tal qual nossas entrevistadas, o monstro sai da cidade em que vivia juntamente com o seu criador para isolar-se nos confins no mundo. O seu fim resulta numa existência triste e solitária.

Talvez a gordura seja o monstro que a medicina atual tenta combater. A obesidade e seus fatores de morbidade acenam como o grande mal que o discurso médico e científico se empenha em retardar – a morte, a dor, o sofrimento e a finitude, em suma, tudo aquilo que caracteriza a condição humana.

A moralização do corpo feminino

Sem sombra de dúvida a moda do corpo magro, esbelto, tonificado, sarado, saudável e cuidado, chegou para ficar. A gordura surge como o inimigo número um da boa forma, principalmente se levarmos em conta o ideal estético dominante do corpo seco, malhado e definido.

Para José Carlos Rodrigues (1979), a busca por um corpo "sarado" – que também podemos interpretar como "curado" e "sarado de seus males" – pode ser entendida como uma luta simbólica imposta àqueles que não se disciplinam para enquadrar seus corpos aos padrões exigidos.[6]

---

6 Em Novaes (2006a) discuto extensamente acerca do corpo como objeto de consumo a partir das ideias de Rodrigues, quando o corpo-ferramenta deixa de ter utilidade após a Revolução Industrial e passa ser um importante alvo do consumo através da indústria estética. O volume de vendas apresentado pela ABIHPEC é um bom exemplo.

A fugacidade do belo e sua submissão a modelos e interesses da cultura de massa fazem ainda mais pungente a dor das pessoas – sobretudo as mulheres – que fazem do corpo um calvário. Não se pode pensar um sujeito desvinculado da cultura e das trocas de bens e valores. É preciso estar atento para a dinâmica que regula a economia pulsional no psiquismo e a economia política que regula o espaço social, uma vez que é a partir das relações de troca dos objetos e da satisfação dos desejos que o sujeito se colocará no polo narcísico ou alteritário, como dissemos anteriormente.

Nesse sentido, poderemos observar como as subjetividades em nossa cultura são frequentemente relançadas ao polo narcísico, obscurecendo o polo alteritário. Dessa forma, nada impede que o outro seja instrumento de puro gozo para um eu obeso, que institui como forma de existência o uso e usufruto dos bens e do corpo do outro, esvaziando os valores que circulam no espaço social (BIRMAN, 1999).

Segundo Rodrigues (1979), há diversas formas de uma sociedade levar seus membros à morte, sendo a simbólica uma delas. Tornando-os deprimidos, com uma vivência de fracasso, consumindo todas as energias físicas e marginalizando-os socialmente, a desintegração psíquica se torna de tal forma dominante que a morte física passa a ser apenas um detalhe biológico.

O primeiro dia de um obeso numa academia de ginástica é sempre um evento. O meu, por exemplo, foi assim: meu marido precisou ficar meia hora dentro do carro, em frente à academia, me convencendo a entrar. Eu pensei, só tem gostosona lá dentro, o que é que eu vou fazer neste lugar? (Anna, 38 anos, jornalista).

Mais ainda, ai de quem se afastar destes parâmetros! Em recentes pesquisas que realizamos, cujas falas reproduzimos ao longo deste trabalho, pode-se observar não apenas o caráter impositivo de uma estética que nada tem a ver com o biótipo brasileiro, como o profundo preconceito que as mulheres feias (leia-se gordas) sofrem.

Sem caráter, sem força de vontade e vista como desleixada, a anatomia feminina deixou de ser um destino para ser uma questão de disciplina: se não conseguimos agenciar nossos corpos, como seremos capazes de agenciar nossas vidas ou nossos empregos?

A partir do discurso higienista do século XIX, os fabricantes de cosméticos retomam o mote da possibilidade de beleza, transformando-o não apenas numa obrigação, mas, sobretudo, numa "facilidade" – apenas uma questão de escolha e de vontade. Com Lancôme, "ser bela tornou-se fácil".

Recente pesquisa feita por um importante grupo de produtos cosméticos aponta como os cuidados com a beleza se mostram como um ofício, que se ensina ou se aprende ao longo da vida com outras pessoas (mães, irmãs, especialistas, amigas) e na própria relação com produtos e marcas.

> Não existe mais mulher feia... a mulher inteligente quer, de verdade, poder tornar-se, pelo menos, bonita... Até onde ela irá depende apenas dela... Nos tempos atuais, é imperdoável que a gravidez faça com que a mulher perca a sua silhueta... A mulher deve ter um belo corpo para mostrar após os filhos estarem criados (Helena Rubinstein apud ROUET, 1978, p. 22).

Uma interessante pesquisa que vem sendo desenvolvida por Marina Brazão, no Programa de Pós-Graduação em Psicologia da PUC-Rio, aponta para as mudanças no comportamento das mulheres grávidas no cuidado com seus corpos.

O corpo da mulher nesse momento traz marcas dos meses de gestação e da experiência que vivenciou. Contudo, como reage parte dessas mulheres na cultura do instantâneo e do imediatismo, no tocante à espera necessária para que o corpo "volte ao lugar" ou adquira uma nova forma que porte as marcas desta experiência? – sobretudo quando bombardeadas com os exemplos de atrizes, modelos ou outras figuras midiáticas que não apenas exercitam-se arduamente, como recobram o peso anterior com imensa velocidade.

> Todo mundo sabe que Cynthia Howlet é atleta, preocupada com a saúde e a boa forma física. Mesmo assim é impressionante ver a apresentadora fazendo exercícios de cabeça para baixo, sem mostrar nenhum desconforto com a barriga de oito meses... Agora dá para entender como a futura mamãe continua com o visual enxuto a ponto de não parecer estar grávida ao ser vista de costas... (BRAZÃO, 2007, p. 61).

Para Brazão (2007), a gestação e as marcas no corpo que esse processo imprime são comumente apontadas como as grandes vilãs da forma física e da perda dos encantos femininos. Por isso, esforços não devem ser poupados a fim de minimizar os estragos. Para quem não demonstra o mesmo empenho, a crítica é dura, pois parece não cumprir com suas "obrigações" de mulher famosa enquanto modelo ideal de beleza a ser consumido (p. 6).

Além de tornar o corpo objeto de consumo e vitrine dos seus méritos, a mulher passou a privilegiar o corpo na construção de sua própria identidade: tudo o que sou é o meu corpo, está sobre o meu corpo, digo com o meu corpo. É a hipótese de que somos idênticos a um corpo e não a uma imagem, às paixões e aos sentimentos.

Há, assim, um corte entre o sujeito e o corpo, que é velado pela imagem que propicia uma ilusão de unidade "corpo-espírito". A psicanálise demonstra que a autonomia do ego é falaciosa.

A perspectiva de uma identificação à imagem totalizante aparenta ser a origem do tratamento que os contemporâneos impõem a seus corpos; tratamento, às vezes, extremo. O corpo se tornou matéria onde se exerce uma prática que consiste em uma corporificação do significante (SILVA JR., 2008, p. 4).

Como aponta Nunes, a busca por um corpo esbelto, jovem e saudável tornou-se uma imposição que abre caminho para novas formas de controle e adestramento do corpo feminino, sobretudo quando a maternidade não é mais pensada como a única forma de felicidade para a mulher. Nesse contexto, vê-se desenhar um modelo de identidade, calcado "nos mecanismos de ajuste obrigatório à tríade beleza-juventude-saúde, que pressupõe um apagamento de seus excessos e de sua singularidade" (2003, p. 11).

Uma intensificação do dispositivo repressivo, do qual as mulheres através de seus corpos são objeto, gera um mal-estar constante. O modelo de beleza proposto e a consciência corporal (identidade corporal no sentido estrito) que as mulheres têm de si justificam a crescente insatisfação que elas têm com seus corpos (CASH & HENRY, 1995).

Criou-se uma cultura que induz a mulher a acreditar ser possível a perfeição estética, pregada se a mesma submeter-se com afinco e força de vontade a todo o arsenal técnico – cosmetologia, cirurgias estéticas, massagens, regimes e academias.[7]

Uma breve observação sobre a representação do corpo no cinema nos mostra como "a própria matéria do filme é o registro de uma construção espacial e de expressões corporais" (BAECQUE, 2008, p. 481). Segundo o autor, não é possível compreender as principais representações do corpo neste século sem analisar seus modos de transmissão.

---

7 Retomo aqui, brevemente, o trabalho desenvolvido anteriormente (NOVAES, 2006a) como pano de fundo para as discussões subsequentes.

Além da mídia, que, certamente, desempenha um papel fundamental na difusão dessas crenças, não podemos deixar de lado a força do discurso "científico". Como aponta Bourdieu (1987), as "ilusões bem fundamentadas" tomam como referência o discurso dos especialistas – médicos, nutricionistas, nutrólogos, psicólogos, esteticistas, dentre vários outros –, que prometem a perfeição, desde que as instruções sejam rigorosamente obedecidas. Prometem também, muitas vezes, a perfeição da "beleza natural", mesmo que o custo sejam as infindáveis escovas progressivas ou obsessivas para que os cabelos fiquem "naturalmente" lisos.

Se, historicamente, as mulheres preocupavam-se com a sua beleza, hoje elas são responsáveis por ela. De dever social (se conseguir, melhor), a beleza tornou-se um dever moral (se realmente quiser, eu consigo). O fracasso não se deve mais a uma impossibilidade mais ampla, e sim a uma incapacidade individual.

Uma "tarde para cuidar de si" é apresentada como uma forma de liberação. Trata-se, na verdade, de colocar a mulher aprisionada e sempre a serviço de seu próprio corpo, para aperfeiçoá-lo, ultrapassá-lo, modificá-lo e, muitas vezes, mutilá-lo, pois não importa o preço a pagar.

A *moralização do corpo feminino*, como aponta Baudrillard em seu livro *A sociedade de consumo* (1970), nos leva a encarar a ditadura da beleza, da magreza e da saúde como se fosse algo da ordem de uma escolha pessoal. Deixam-se de lado todos os mecanismos de regulação social presentes em nossa sociedade, que transformam o corpo, cada vez mais, em uma prisão ou em um inimigo a ser constantemente domado.

Não é à toa que as entrevistadas de minha primeira pesquisa tratam de seu corpo com profunda tirania, privando-o de alimentos, mortificando-o nas inúmeras cirurgias ou submetendo-o a exercícios físicos torturantes. Significativamente o verbo mais empregado é malhar, como se malha o ferro. Não é sem razão que tal expressão é utilizada nas academias de ginástica na tentativa de adquirir a estética desejada. Tais técnicas, apreendidas inicialmente como uma disciplina, com o passar do tempo são incorporadas ao cotidiano do sujeito, que, mesmo sem perceber, acaba por reproduzi-las sem que haja uma dimensão crítica ou reflexiva sobre essas atividades/comportamentos: a *Pastoral do suor*, de que nos fala Courtine (1995).

Mais ainda, dor e frustração passam a ser indicadores não de limites inerentes à experiência humana, mas da insuficiência daquele sujeito singular. Ou seja, veicula-se a ideia de que essa imagem ideal de pleno prazer está disponível para todos, a um mínimo esforço, e que a não concretização desse modelo decorrerá exclusivamente da incapacidade individual do sujeito.

Mas há, aqui, que se fazer uma pequena digressão. Trata-se de discutir dor ou sofrimento? Para Ricoeur, citado por Corbin,

> Haveria um consenso quanto a reservar-se o termo dor aos afetos sentidos como algo localizado nos órgãos particulares do corpo ou no corpo inteiro, e o termo sofrimento aos afetos que se abrem à reflexividade, à linguagem, à relação consigo mesmo, com os outros, com os sentidos e o questionamento (CORBIN, 2008b, p. 329).

Mas podemos pensar que o homem nunca sofre apenas com seu corpo, e que a dor é também uma construção social, psicocultural e construída desde a mais tenra idade. É isto que fundamenta os rituais de passagem: "As tradições estruturam o ser social pela prova do corpo", nos afirma Le Breton (1985, p. 44). Para o autor, o sentido atribuído à dor é anterior à sensação. A dor é uma experiência subjetiva, um "evento psicológico" que se inscreve no corpo e modela a memória.

Por isso não é possível desvincular a dor do sofrimento físico da malhação, das cirurgias e das intensas práticas corporais do sofrimento que agencia essas subjetividades. Ao associar o valor da dor à superação de obstáculos e conquistas individuais, não estamos distantes do que Foucault chamou de tecnologia da insensibilidade. Ou seja, a "boa dor" não é prejudicial, ela molda o caráter.

A combinação de um foco na iniciativa pessoal, de uma liberação inédita dos costumes, bem como de uma liberação psíquica e de uma multiplicação de referências, levou à produção de uma individualidade que age por ela mesma e se modifica apoiada apenas em seus próprios recursos internos. Todavia, diante da indeterminação e de múltiplas referências, o que encontramos é um indivíduo perdido, além de deprimido e compulsivo, um indivíduo emancipado, porém marcado pela insuficiência. Ele padece, seja pela suspensão na depressão, seja pela passagem ao ato na compulsão, sob o peso da ilusão de que tudo é possível. Em uma sociedade onde o eixo é a capacidade de agir por si mesmo, a ação de entrar em pane é seu distúrbio por excelência.

A lógica das práticas corporais, que associa prazer e saúde, vitalidade e beleza, promete eliminar a inquietude que o olhar do outro provoca, através do esforço, determinação e disciplina, apontando todo o tempo para a responsabilidade do sujeito. No início do século XX havia controles bem mais rígidos em relação à apresentação pessoal, quase que uma imposição da "boa aparência".

As enormes desvantagens em ser feia eram mais reais, já que era de conhecimento geral que os padrões divulgados pela imprensa, pela fotografia e pelo cinema eram os que deveriam ser seguidos, e aqueles que não se aproximassem desses padrões seriam descartados. Como aponta Del Priore, todo "o aparato colocado a serviço da beleza corporal, nessa época [...] parecia prometer a possibilidade de, em não sendo bela, tornar-se bela" (2000, pp. 72-73).

A tecnologia permite fazer muitas manipulações, recuando nossos limites, mas esse poder não liberta nada, sublinha Ehrenberg (1998); nossa sociedade de performances encoraja essas práticas de modificação criando um problema no cerne da estruturação do sujeito, da subjetivação do mesmo.

Como assinala Rocha (2010), se a contemporaneidade é marcada pelo excesso, um gozo hoje e agora, a obesidade se encaixa muito bem nessa série: comer com prazer agora e máximo, sem limites. Por outro lado, ela é paradigmática, também, numa cultura da performance e da ação, obcecada por fabricar autonomia.

Emancipado, porém marcado pela insuficiência. Se no auge da modernidade a luta era pela liberdade, posteriormente, o mote é a iniciativa própria, o agir. Isso levou, em um nível individual, a um sentimento de insuficiência, que, por sua vez, assumiu nas patologias da depressão ou da compulsão as duas faces do Janus contemporâneo, como ressalta Ehrenberg. Não se trata mais daquele neurótico que tenta se libertar, mas do indivíduo que está liberto, porém angustiado e curvado sob o peso dessa soberania, acuado ante uma liberdade ímpar e tantas exigências.

Comigo é assim: acho que a gente não tem que conviver com aquilo que não gosta e está incomodando. Eu, por exemplo, não gostava do meu quadril e lipoaspirei o culote, achava meus seios pequenos demais – taquei silicone e virei Barbie, não estava com paciência de esperar os meus cabelos crescerem, coloquei um megahair (Maria, 52 anos, estilista).

Disto também nos falam nossas entrevistadas: estender ao máximo a sensação de juventude demanda resistência, disposição e força que as fazem capazes de levar uma vida de *jovens heroínas*, cujos corpos, paradoxalmente, carregam a profundidade de uma *Barbie* – esticada, lisa e loura. Numa versão mais carioca da imagem da boneca, uma *Barbie* marombada e plastificada.

Na extensa pesquisa realizada em academias de ginástica, consultórios e clínicas de cirurgia plástica, investigamos qual a representação social da feiura. Duas características apresentavam-se como constantes, na busca de um corpo perfeito: manter-se magra e jovem. Gordura e velhice eram, nas falas das entrevistadas, características que, se não pudessem ser totalmente eliminadas, deveriam, pelo menos, ser atenuadas ao máximo. Inúmeras foram as falas que apontaram a busca pelas cirurgias como uma forma de tentar apagar "os deselegantes traços do envelhecimento". Para tal, todos os esforços eram empregados – se não podemos eliminar a velhice, podemos tentar reduzi-la, ou, quem sabe, dissolvê-la?

A busca desenfreada por satisfação parece ser a marca da cultura narcísica contemporânea – o imperativo é de que sejamos felizes ou pelo menos que apresentemos uma imagem superficial e aparente de felicidade. Ter uma aparência feliz significa um superinvestimento no corpo, já que parece existir um consenso entre os teóricos da área sobre a queda e extinção de antigos ideais. Dessa forma, o resultado e o mote deste superinvestimento é tornar-se uma imagem a ser apresentada para o outro.

Resumidamente, nossos corpos parecem dizer o que somos como sujeitos – daí, ter um corpo dentro do padrão definido significa não apenas ser capaz e competente, mas poder pertencer e estar inserido na dinâmica da sedução e do jogo social.

Assim, através de um jogo de espelhamento infinito, o outro passa a ser a medida constante de comparação, uma vez que o reflexo devolve, além da própria imagem do sujeito, inúmeras outras imagens. O reconhecimento da própria imagem através da projeção do outro passa a ter um papel vital na vida do sujeito; sua imagem agora se imiscui com a do(s) outro(s), em uma intrincada cadeia que define e explica a preocupação dos sujeitos.

Meu marido vive me dizendo que quem vive de imagem é atriz, mas eu achava que se ficasse com os seios que queria, ele não iria olhar para mais ninguém – isso ia salvar a minha autoestima e o meu casamento também. Não salvou nada, pelo contrário, hoje ele tem muito menos tesão em mim e ainda me chama de clone do Pão de Açúcar, ele diz bem assim: tão aí duros, rijos, mas não dão vontade de apertar, só admirar (Heloisa, 42 anos, arquiteta).

Não importa se esse olhar de desaprovação é suposto ou imaginado. O que parece estar em pauta é atender a uma estética corporal, imaginariamente definida como bela. Nossas entrevistadas parecem nos dizer, com bastante frequência, o quanto dependem desse olhar, que, de certa forma, lhes confere um valor "mais feminino". Falam-nos também como, ao não se enquadrarem neste perfil, sofrem o exílio designado às feias.

Contudo, não há como pensar o sujeito como mero efeito da cultura, sem uma análise mais aprofundada do interjogo corpo simbólico/corpo pulsional.

Medicina e corpolatria

A tecnologia avança cada vez mais no sentido de criar máquinas capazes de difundir imagens do corpo, o que faz do mesmo, simultaneamente, objeto de investigação, interesse e curiosidade. Ao mesmo tempo em que mudam as formas de sociabilidade do corpo, estes avanços caracterizam um movimento de individualização.

O olhar público que explora a anatomia humana é o mesmo que realiza ao extremo sua ampliação, dissecando e fragmentando o corpo do outro, chegando a um nível de controle e conhecimento sem precedentes na história.

É através da fiscalização de um olhar minucioso sobre a aparência, com o aval da ciência, que são forjadas as normas e os padrões estéticos que determinarão o que é próprio e impróprio, adequado ou inadequado, normal ou anormal. Como bem sugere Durif, "o corpo torna-se álibi de sua própria imagem" (1990, p. 15). Esse controle da aparência traduz-se não somente na atribuição de características estéticas, mas as investem de julgamentos morais e significados sociais.

A aparência passa a ser o que de mais particular, único e singular o indivíduo possui. Paradoxalmente, o que há de mais íntimo, pessoal e com maior atribuição de valor social está na superfície do sujeito – na pele. E se, como vimos anteriormente, a medicina associada à tecnologia científica determina os contornos do corpo que são posteriormente valorados socialmente, então aí reside uma contradição, no sentido de que a busca é coletiva e não pessoal, assim como nada tem de particular e específica, ao contrário: perde-se em um padrão (NOVAES, 2008a).

Crossley, citando Foucault, ressalta que "o corpo social é um efeito não do consenso, mas da materialidade do poder operando nos próprios corpos dos indivíduos".

Não nos parece arriscado afirmar que o discurso da medicina funciona como um regime disciplinar, no qual há uma circulação de saber/poder inacessível ao indivíduo comum. Da mesma forma, as noções de saúde, doença, bem como os padrões estéticos ditados, podem ser entendidos como uma forma de regulação social – vigiando e punindo, através de seus discursos, os sujeitos que não estão adequados às normas. Mais ainda, nas palavras de Foucault, as técnicas e/ou as práticas produzem sujeitos.

A explicitação da questão do poder se dará, fundamentalmente, quando ele estuda a história da penalidade, identificando aí uma forma de poder que incide sobre os corpos dos indivíduos enclausurados, utilizando uma técnica própria de controle. Será este tipo específico de poder que denominará de disciplina, de poder disciplinar.

> É importante notar que a disciplina nem é um aparelho, nem uma instituição; ela funciona como uma rede que os atravessa sem se limitar a suas fronteiras; é uma técnica, um dispositivo, um mecanismo, um instrumento de poder (FOUCAULT, 1977, p. 194).

Um dos pontos fundamentais é que o poder disciplinar é produtor de individualidade, isto é, que o indivíduo é uma produção deste poder-saber. Esse é o caso, por exemplo, do fato de o hospício ser o dispositivo que transforma o louco em doente mental. Nesse sentido, o poder disciplinar não destrói o indivíduo, ele o fabrica. Assim, das técnicas disciplinares, que são técnicas de individualização, nasce um tipo específico de saber – as ciências humanas, cujas práticas constituem este objeto que é o indivíduo e cuja lógica instituída seria a adaptação e normatização dos corpos.

É esse aspecto de produção/fabricação do sujeito que nos interessa particularmente. Por isso chamamos a atenção especialmente para um texto intitulado *Nascimento da clínica*, em que Foucault vai apontar as diferenças do corpo da medicina clássica: "O que você tem?", e o corpo da medicina científica: "Onde dói?" (FOUCAULT, 1994). Como afirma Nunes (1999), "a medicina era, nessa perspectiva, um instrumento privilegiado de regulação física e moral do corpo" (p. 91).

O discurso médico sobre a mulher e o envelhecimento

Frequentemente, a mídia, com grande apoio do discurso médico, oferece estímulos para que as mulheres recorram a expedientes que visariam evitar a constatação de mudanças que incidem sobre sua subjetividade, valendo-se do estágio atual de evolução das ciências biotecnológicas.

Como aponta Gromann (2007), no limiar da perda da capacidade procriadora, a mulher se vê às voltas com um enigma envolvendo seu corpo: diminuição hormonal, aumento libidinal, um corpo estrangeiro, que, não obedecendo aos ciclos esperados, lança-a a um terreno desconhecido, angustiante e povoado por muitas fantasias.

Neste cenário, o corpo feminino torna-se um *corpo em transição*. Contudo, para que esse corpo possa efetuar a passagem do corpo-mãe para um novo corpo erótico é necessário um trabalho de elaboração do luto desse corpo-mãe.

Mas isso não ocorre necessariamente. Há um silêncio imposto aos órgãos em sua significação mais profunda, como se estivéssemos diante de um corpo sem narrativa. Como afirma Birman, "o enfermo como subjetividade foi sendo progressivamente excluído e silenciado da cena da enfermidade... excluído que era de qualquer implicação no processo de adoecimento" (2003, p. 10).

O que iremos então observar, com frequência, é o total descolamento do sujeito com o seu sintoma. O corpo tratado apenas como organismo; corpo da ordem da natureza, do qual a medicina se ocupa com grande maestria. É disso que fala Foucault: a produção de um corpo dócil a partir dos dispositivos de poder.

Para os desconfortos do envelhecimento, a reposição hormonal. Para os sinais da passagem do tempo, as cirurgias e a cosmetologia. A menopausa, vista como algo "natural", é reduzida ao âmbito biológico, com seus sintomas "desagradáveis", facilmente suprimíveis com o tratamento adequado.

O surgimento das inúmeras práticas corporais e técnicas de modelagem física parece ancorado na mesma ideia de autonomia e autorregulação do sujeito com relação ao seu corpo, reforçando, com isso, um comportamento de aversão com relação aos corpos que desviam do padrão estético dominante. É interessante notar como os discursos que normatizam o corpo – científico, tecnológico, publicitário, médico etc. – vão, pouco a pouco, tomando conta da vida simbólica/subjetiva do sujeito.

A beleza moderna, longe de prometer uma compensação narcísica à mulher, agudiza sua frustração e sua impotência face à potência da imagem. A mulher passa a ser mais algoz de si mesma em relação à beleza. Prosaicas "Mouras-Tortas", como afirma Costa (1985), desenvolvem uma relação persecutória do ego com o corpo, em que cada ruga ou cada grama a mais levam-na ao desespero. "Este corpo, insaciável, não é mais para o ego objeto que realiza o desejo de prazer. É o objeto que o ego tenta dominar e controlar, à custa de um crescente sentimento de culpa e de uma ansiedade infindável" (COSTA, 1985, p. 187).

Segundo Ehrenberg (1998), esta ansiedade é fruto de um sentimento constante de insuficiência e fracasso. Para o autor, o paradigma contemporâneo não é mais o da repressão sexual, objeto de estudo para Freud na classificação das neuroses. Ao contrário, é fruto da disciplina internalizada que provoca um falso sentimento de autonomia. A produção de um sujeito autônomo e, simultaneamente, responsável pela sua aparência, como sinalizou o autor, forja um determinado tipo de subjetividade que gera um mal-estar definido pela sensação de estar-se aquém dos ideais.

Seguindo a análise foucaultiana do "dispositivo de sexualidade", Ehrenberg observará que enquanto os séculos XVI e XVII foram do permitido *versus* proibido, com um sujeito obrigado a renunciar a si, sujeito de obediência que funciona nos termos do direito, o século XX é o do possível *versus* impossível, com um indivíduo que deve ser autossuficiente e de iniciativa, funcionando nos termos da capacidade. Desse modo, ele frisa que o homem está passando por um processo de "desconflitualização" (1998, p. 232).

O conflito o estruturava em dois níveis: no social, oferecia uma cena ao conflito, lhe dando seu sentido com as linhas de confrontos e acordos entre os atores sociais e, assim, possibilitava uma unidade à sociedade sem ser preciso recorrer a um terceiro, um soberano que decidiria por todos, como no período medieval. E, por sua vez, no nível individual, estruturava uma relação de si para consigo mesmo em que os elementos estariam em conflito e, por isso, em relação.

Tratava-se na modernidade de um conflito organizador da unidade social e individual, diferente do que virá depois, quando isso começa a desarticular-se abrindo uma nova dinâmica do espaço social, cujo acento não são mais os interesses contraditórios a serem conciliados, não é mais resolver conflitos, mas fabricar autonomia (1998, p. 242).

Não se pode reduzir a noção de individualismo, observa Ehrenberg, à privatização da existência, pois assim ainda se teria como referência um mundo público e comum. É algo talvez mais complexo que ocorre. Da obediência chegamos à ação, da disciplina à autonomia. Tendo que agir por si mesmo a todo o momento e se modificar apoiado em suas próprias molas internas, sem as tradicionais referências impostas de fora, que lhe davam um norte, o sujeito contemporâneo é chamado a responsabilizar-se pelo que é, por suas capacidades ou incapacidades. Ehrenberg pontua que "produzindo individualidade espera-se produzir simultaneamente a sociedade" (1998, p. 241).

Tem-se aí um desdobramento: o "entusiasmo tecnológico sobre a remodelagem permanente de si" faz parecer, diante de uma desordem da personalidade, mais adequado modificar do que cuidar, tratar (EHRENBERG, 1998, p. 239). Qual o limite entre uma pequena intervenção cirúrgica e uma grande mudança, reconfigurando o rosto, o corpo, a cor da pele?

A tecnologia permite fazer muitas manipulações, de natureza mental bem como corporal; por muitos meios podemos fazer recuar nossos limites, mas esse poder não liberta nada. Uma sociedade de performances, de indivíduos soberanos impelidos a ultrapassar limites a todo o momento, de liberação psíquica e iniciativa pessoal, levando cada um a decidir permanentemente, encoraja essas práticas de modificação, criando um problema no cerne da estruturação do sujeito, da subjetivação mesmo. E, ao que parece, não estamos preparados para discutir essas questões adequadamente, visto "que não são objeto de nenhuma atenção em uma sociedade disciplinar" (EHRENBERG, 1998, p. 240).

Essa medicina convocada a curar, herdeira da medicina positivista, parece esquecer que sempre foi pela linguagem que o doente comunicou seus males. Isso faz com que, enquanto subjetividade, o doente seja gradativamente excluído do processo de adoecimento (BIRMAN, 2003).

É principalmente a partir do século XIX que se irá condicionar, modelar, controlar o corpo em direção a um aperfeiçoamento graças ao avanço científico. Na modernidade o corpo se transforma em lugar privilegiado para o controle social, uma vez que o controle sobre o indivíduo torna-se mais sutil.

No caso da ideia de controle, o mesmo é exercido ao ar livre. A disciplina possui um limite, passamos do confinamento, daquilo que a disciplina consegue capturar, da dicotomia dentro e fora em nós, da interiorização das representações (da lei e da norma). Fora das disciplinas estão as paixões, algo que vaza: forças, impulsos, linhas de fuga.

O controle consiste em capturar o fora. Segundo Giorgio Agamben, passamos do paradigma do panóptico para o do campo de concentração. As fronteiras desaparecem e não se trata mais da produção de ações úteis e sim de controle de movimento.

Para ser eficaz a regulação deve ser devidamente incorporada, não operando apenas em sua dimensão social, de tal forma que instaure no sujeito o sentimento de culpa e falta de caráter, pois aponta para um agenciamento inadequado das potencialidades individuais. Em síntese, se antes o poder era externo passou então a ser responsabilidade do sujeito saber agenciá-lo (NOVAES, 2006c).

É essa narrativa que muitas vezes escapa na busca da mulher por outro corpo. Reduzida a uma questão de vaidade, deixam-se de lado todos os aspectos subjetivos envolvidos no processo de envelhecimento. Com isso, elas evitam se defrontar com o desafio de significar seus corpos de forma diferenciada daquela em que foram pensados até muito recentemente.

Atualmente podemos perceber a retomada de um ranço de dualismo cartesiano, contudo com uma nova roupagem, cuja ênfase reside numa visão biologizante não integradora do indivíduo. Para todas as afecções psíquicas a cura está no corpo: controle e inibição; disfunção erétil; recaptação de neurotransmissores; medicina profilática; gerir saúde – tudo na atualidade retira do sujeito a implicação subjetiva no sintoma físico, reduzindo, dessa forma, o sujeito a um conjunto/amontoado de funções. É o século das adições, das válvulas de escape e das patologias narcísicas.

Se por um lado a cultura impõe de forma radical uma estética em que não há lugar para a velhice, é preciso estar atento à medicalização que retira a implicação do sujeito em seu sintoma, em seu *pathos*, que dificilmente se transformará em questão, posto que será magicamente removido através de uma intervenção cirúrgica, de uma medicação adequada ou de um tratamento rejuvenescedor (NOVAES, VILHENA & LEMGRUBER, 2008).

Ora, sabemos que uma coisa é a representação de corpo; outra é o corpo pulsional, corpo real, situado para além do representacional. O corpo pulsional, como categoria, se distingue tanto do corpo simbólico quanto do corpo biológico, sem, no entanto, excluí-los. E este precisa de uma morada.

Nada mais pertinente para ilustrar isso do que a história de Antígona em sua luta para sepultar o irmão Polinices. Por isso Lacan vai afirmar que o corpo biológico, mesmo morto, permanece incorporado pelo simbólico, não se transformando em carniça.

Podemos também pensar nos frequentes exemplos recentes da luta de famílias para enterrar o corpo de seus filhos perdidos, seja nas guerras "oficiais", seja no cotidiano da carnificina urbana brasileira.

> Muitas famílias não ficaram satisfeitas por não poderem repatriar os corpos de seus parentes após a guerra. Antes que a lei francesa de 1920 autorizasse esse retorno, muitos pais foram de noite aos antigos campos de batalha na tentativa de desenterrar os restos mortais daqueles que haviam perdido... A fúria de Louis Barthou por não poder repatriar o corpo do filho, expressa diante da Comissão Nacional das Sepulturas Militares, no dia 31 de maio de 1919, fala de modo muito eloquente acerca do sofrimento de tantos enlutados por não poderem trazer de volta os corpos de seus entes queridos para os sepultarem na campa da família... (AUDOIN-ROUZEAU, 2008, pp. 409-410).

Elisabeth Roudinesco alerta que o sujeito moderno, "condenado ao esgotamento pela falta de uma perspectiva revolucionária, busca na droga, na religiosidade, no higienismo ou no culto ao corpo perfeito o ideal de uma felicidade impossível" (2000, p. 19).

Na maturidade feminina, como aponta Gromann, "a mulher ao transgredir a sua função reprodutora da espécie, passa a ter que se incluir em um novo lugar na polis, numa nova posição erótica e, para tanto, necessita realizar um trabalho psíquico que lhe outorgue uma abertura ao jogo objetal" (2007, p. 18).

A estética como resistência

Aprisionadas durante séculos no lugar da mãe, da santa e da esposa, podemos pensar essa busca por um corpo mais jovem e mais atraente como uma nova erótica feminina, em que a menopausa pode significar uma ruptura com a associação mulher/atividade reprodutiva?

A representação psíquica do corpo feminino durante os ciclos biológicos e seu lugar na constituição das posições subjetivas acessíveis às mulheres na contemporaneidade não podem ser deixados de lado. Da mesma forma não podemos nos esquecer da relação entre a feminilidade e a maternidade e a importância do recalque da sensorialidade primária na configuração da subjetividade feminina hoje.

Como aponta Furtado (2000), em sua excelente dissertação sobre a mulher e a menopausa, o corpo feminino, pensado numa cultura falocêntrica, foi percebido e significado, ao longo da história, como insuficiente em relação ao masculino. Ao mesmo tempo, essa "insuficiência" teria como contraponto o poder da maternidade, sendo a mulher identificada como geradora de vida e de morte, desde os primórdios da civilização.

Seu corpo, desconhecido e ameaçador, deveria por isso ser domesticado. A tática disciplinadora desenvolvida pela cultura ocidental, desde a Idade Média, consistiu na exaltação da maternidade e em sua naturalização (PERROT, 1984). Assim, a feminilidade foi sendo associada à maternidade e à função de procriar e educar os filhos, e a mulher que tentava ser feminina seguindo outros moldes frequentemente se apresentava aos médicos como louca – histérica ou psicótica (FURTADO, 2000).

Sem dúvida alguma podemos pensar, como bem aponta a autora, que no mundo contemporâneo a feminilidade pode ocupar outros espaços distintos da maternidade, contudo, não cremos que seja errôneo afirmar que esta ainda pareça ser uma das funções organizadoras desta categoria. Por isso, acreditamos ser a menopausa, momento do ciclo vital feminino em que cessa a atividade reprodutora, uma boa linha divisória para pensarmos a feminilidade em sua relação com a aparência física.

Parece que a menopausa ainda é pensada culturalmente como um momento em que a feminilidade tenderia a desaparecer, na medida em que finaliza a possibilidade reprodutora sem o apelo a métodos artificiais de geração de novas vidas humanas.

No Brasil é comum mulheres na menopausa relatarem sentir um vazio no corpo, como se o mesmo fosse oco. Tal sensação é sintetizada no seguinte provérbio/dito popular: *mulher na menopausa vira homem*!

É nesse sentido que enfatizamos que a busca por um novo corpo, como uma linha de fuga, pode representar um corpo em transformação contínua – um novo devir. De forma análoga, compreendemos nesses movimentos não uma ruptura, mas uma tentativa de que o mesmo não perca o seu caráter libidinal, afirmando, simultaneamente, o seu estatuto de corpo desejante.

Assumindo uma nova posição, a maturidade vai permitir a essa mulher a busca de um novo lugar de prazer, em que um corpo mais agradável tanto ao seu próprio olhar como ao olhar do outro lhe permitirá viver mais libertamente a sexualidade que, tradicionalmente, lhe foi negada. Daí pensarmos em termos de resistência.

Por essa razão acreditamos que as transformações corporais não possam vir desacompanhadas de suas narrativas. Quantas pessoas há em cada corpo? De quantas partes é feita uma pessoa? Habita aqui alguém inteiro? O que falta a uma pessoa? E a outra pessoa, é parte de mim? O outro que não tenho faz parte de mim? Uma pessoa é feita de quantas histórias – quanto dos outros preciso em mim?

O corpo da mulher vem sendo considerado enigmático devido aos múltiplos sentidos para os quais se abre, quando a posse de alguns elementos fálicos lhe é socialmente permitida. Em nossa compreensão, mais do que um enigma (Freud), o feminino é um corpo que, considerado como pulsional, está em constante construção.

A exacerbada valorização da juventude, que tem como consequências inúmeros investimentos tecnocientíficos objetivando uma interdição do envelhecimento, parece, pelo menos imaginariamente, buscar a erradicação ou o afastamento da morte. E essa exacerbação atinge majoritariamente as mulheres (NOVAES & VILHENA, 2003b).

Segundo Tucherman:

> Ser-se aparentemente jovem quando se é mesmo jovem é, digamos assim, natural. O desafio e a promessa são a de ser aparentemente jovem, quando não mais o seríamos se deixássemos a natureza seguir o seu curso. Aliás, o que se promove é mais do que a aparência jovem: são os atributos da juventude que se deseja eternizar (2004, p. 141).

Acreditamos que os ciclos biológicos são momentos em que há uma rearticulação das marcas sensoriais, constitutivas das imagens corporais que servem de base para o eu. Nas mulheres, esses momentos seriam deflagradores da percepção de seu corpo com um funcionamento cíclico, que poria em questão a feminilidade, como uma aquisição consumada e definitiva. Tal articulação já feita por Freud em 1912, no artigo "Tipos de desencadeamento da neurose", e adquire novas tinturas na contemporaneidade: mais do que objeto de desejo, o corpo passou a ser *objeto de design*, como aponta o artista plástico Stelarc. O mote capitalista *tempo é dinheiro* passa a ser invertido: *dinheiro compra tempo*. Ou seja, dinheiro, imaginariamente, compraria o apagamento das marcas do tempo.

Tucherman indaga se não estaríamos vivendo um momento de extrema dedicação a uma estética que seria também uma erótica e uma dietética. Para a autora a artificialização é hoje a presença da técnica e de suas múltiplas misturas em nossas vidas. Mas é também, como menciona Courtine (1995), um "puritanismo ostentatório" nesta cultura do corpo, condição *sine qua non* para a premissa da juventude como paradigma não apenas estético, mas também morfológico e ético.

O que observamos então é que em nome de um movimento cientificista de controle da fisiologia, que desconsidera a subjetividade, parece que a menopausa é, para o discurso médico, uma experiência a ser evitada. Seus efeitos, da mesma forma, podem e devem ser reduzidos às suas consequências fisiológicas.

No entanto, como a clínica nos mostra, essa prática não consegue evitar a angústia frente à finitude e à morte, e, principalmente, face à ameaça – mortífera para o eu – da perda do amor com que se defrontam as mulheres nesse momento.

Costuma-se fazer, então, um apelo ao discurso médico para dar um sentido ao desconforto psíquico, na tentativa de evitar a perda do lugar de objeto de desejo da juventude.

Como apontamos em trabalho anterior, "todas as nossas entrevistadas de classes média e alta parecem encarar as práticas corporais como uma forma de tornar seus corpos mais sedutores, e o horror ao envelhecimento torna-se bastante evidente. Para preservar a juventude e, consequentemente, a *boa aparência* tudo deve ser tentado" (NOVAES, 2004, p. 224).

O sentimento é bem ilustrado na fala de várias de minhas primeiras entrevistadas (NOVAES, 2001, 2004, 2006):

Meus filhos dizem que estou ótima, que tenho tônus de garota... Acho envelhecer cruel (Diva, 48, corretora de imóveis).

Gostaria de ser do tipo de mulher que acredita que a idade é um estado de espírito. Sinceramente... Adoraria que o espelho me dissesse que a minha imagem é um mero reflexo do meu estado de humor... As minhas rugas estão lá, impreterivelmente, todo dia de manhã quando eu acordo e me olho no espelho - elas me dão bom dia (Claudia, 63, professora universitária)*!*

Tal qual a gordura, compreendida, atualmente, como um problema de saúde pública, o envelhecimento e a sua íntima relação com a decrepitude e o fenecimento, talvez sejam os monstros que a medicina atual tenta combater. Este acena como o grande mal contra o qual os discursos médicos e científicos se empenham em retardar – a morte, a dor, o sofrimento e a finitude, em suma, tudo aquilo que caracteriza a condição humana.

Mas, como afirmamos anteriormente, há sempre um movimento de resistência a saberes e controles instituídos. Nossas entrevistadas não estão acriticamente submetidas aos ditames da cultura e, muitas vezes, como também apontamos acima, a busca por um corpo mais "agradável" pode significar uma nova erótica que as retira da posição de objetos para sujeitos e artífices de seus próprios corpos.

É também dos distintos usos que fazem de seus corpos e da forma como diferentes sociabilidades se estabelecem, em distintas classes sociais, que vamos nos ocupar em nosso próximo capítulo.

Ao longo dos séculos, como aponta Eco (2007), a feiura sempre nos foi apresentada como um contraponto ou uma oposição à beleza, sendo bastante escassa uma "história da feiura" ou as representações sociais da mesma. Curiosamente, a imagem que abre o capítulo "O feio hoje", de seu livro *A história da feiura*, é um dos famosos quadros de Botero, com a representação de uma mulher gorda.

Eco vem então nos falar do que já apontamos anteriormente. Do corpo *cyborg*, das tribos góticas, dos múltiplos *piercings* e marcações corporais, dos monstros que nos atraem nos *trash shows* televisivos, o corpo é também um espaço de *performance*. E ele termina indagando: "será que a oposição entre o feio e o belo teria sido realmente eliminada ou estaríamos falando de manifestações de *mass media*, através das quais exorcizamos uma feiura bem mais profunda que nos assola, nos atenta e a qual gostaríamos de ignorar?" (p. 431).

3 Na trama da cultura.
Corpo, estética e classe social

"De acordo com a maneira como uma sociedade encara o problema da vida e da morte, do trabalho e do lazer, dependendo da forma que pense a natureza do homem e de seu destino, conforme o valor que confira à palavra e ao saber, o corpo será avaliado, tratado e representado diferentemente."

Maisonneuve & Bruchon-Schweitzer

A associação entre corpo e estética é de especial interesse para o nosso estudo, posto que a literatura acerca desses temas nas classes populares é bastante escassa. Encontramos, como veremos mais adiante, o clássico estudo de Boltanski sobre as classes sociais e o corpo, mas a questão da estética, quando abordada, demonstra como a mídia, a sociedade de consumo e as transformações sociais operaram profundas mudanças nestas classes, como veremos mais adiante.

Segundo Rodrigues (1986), é um mito falarmos em um corpo "liberado". O sonho da liberação corporal da fadiga das máquinas e do trabalho, utopia contemporânea das direitas e das esquerdas, como aponta o autor, foi proposto e engendrado por esta mesma classe dominante em relação às classes populares. Para Rodrigues, é fundamental entender de que corpo estamos falando para que faça sentido a representação do corpo liberado. Inadequado para as fábricas, para que servirá o corpo moderno? Não mais um corpo-ferramenta, o novo corpo deverá servir de suporte e escoamento para a produção de todos os bens oferecidos por esta sociedade de fartura – o corpo-consumidor.

Sem sombra de dúvida poderemos observar isto claramente quando nos debruçarmos sobre o nosso campo. Um pequeno exemplo: em todas as comunidades pesquisadas consomem-se produtos Natura e Boticário, também fonte de renda, dado o expressivo número de revendedoras nessas comunidades.

Mas parece que nos habituamos à ideia de que o corpo permanece apenas como ferramenta. Nossa tradição escravocrata não nos permite perceber que mesmo na senzala havia uma dimensão de criatividade nas danças, nos jogos e na sexualidade exercida mais livremente – talvez como forma encontrada pelo sujeito de não sucumbir e de expressar algo que lhe é inerente e singular.

Em nossa cultura "o corpo torna-se a fronteira precisa que marca a diferença de um homem a outro" (LE BRETON,

1990, p. 46), sendo a marca do indivíduo e o lugar que, por excelência, delimita a sua soberania. Essa forma específica de individuação tem como característica fundamental fazer com que o indivíduo distinga-se dos seus semelhantes. Entretanto, o corpo não marca somente a diferenciação do indivíduo em relação aos demais membros da comunidade à qual pertence. Esse modelo permite ao ator social conceber seu próprio corpo como uma propriedade e não mais como a sua essência, sinalizando, dessa forma, um modelo de possessão.

Assim podemos perceber como a beleza é um artigo de primeira necessidade, ao contrário do que pensa uma de nossas entrevistadas (NOVAES, 2006a) ao comentar que sua empregada gastava parte substancial do seu salário com produtos referentes a estética e perfumaria. Não há como imaginar um sujeito descolado da dinâmica política e social em que vive – seria espantoso que o discurso sobre a beleza e seus parâmetros não atingisse a todos. O que discutiremos mais adiante é a forma como diferentes classes sociais reagem em seu cotidiano a tais discursos.

Retomemos brevemente a dimensão social que o binômio gordura/feiura adquire na contemporaneidade. Dissemos anteriormente que os gordos são os "novos feios" contra os quais nenhuma crítica é poupada. Poderíamos radicalizar e dizer que são os novos "monstros", sendo que a mutação de nosso olhar, que já não permite encarar deficiências físicas por este ângulo, deslocou-se para a gordura.

Segundo Courtine (2008), a dissolução da deformidade na multiplicação das diferenças, demandadas pelas sociedades democráticas, tende a mergulhá-la em um universo de indistinção. Isso vai ter consequências políticas, posto que instaura um conflito ao transformar o corpo anormal em corpo ordinário: *o conflito entre razão política e visão singular*. "A primeira requer que se trate de modo igual aos indivíduos seja qual for a sua aparência, enquanto a segunda registra a perturbação do olhar diante dos desvios do corpo" (p. 335).

Esse deslocamento do olhar tem consequências marcantes: o desvio, a deformação monstruosa são "desnaturalizados", extirpados do corpo para se tornarem uma propriedade perceptiva – o anormal é uma questão de percepção; "o estigma reside no olho de quem observa" (GOFFMAN, 1975, p. 13). Dessomatizada, a deformidade se "transmuta em um problema de comunicação, uma patologia social da desintegração com suas inevitáveis consequências: desconforto, evitar o outro, mal-estar, negação do outro, desintegração das interações face a face ordinárias" (p. 30).

Henri Jacques (apud CORBI, COURTINE & VIGARELLO, 2008) chama a atenção para esse paradoxo que faz com que pese sobre o sujeito uma dupla coerção: "são designados e apontados com o dedo e devem agir como se nada houvesse" (p. 335). Retomando a afirmação de Courtine, trata-se então, da dissolução das diferenças em um universo de indistinção.

Um interessantíssimo artigo, ainda na década de 1990, no jornal *Los Angeles Times*, apontava já no título a questão da "monstruosidade" dos obesos, que, diga-se de passagem, a partir de 19 de abril de 2009 começaram a ser obrigados a comprar dois assentos ao viajarem pela United Airlines, para não incomodar o passageiro vizinho.

Intitulado "Hold the slurs – fat is not a four-letter word",[8] nesse artigo o autor denuncia que

> com a diminuição das formas explícitas do racismo, a segregação por causa do peso [sizism], os preconceitos contra os obesos

---

8 *Four-letter word* é o equivalente a palavrão – ou seja, gordura não é palavrão (NA).

escondem a hedionda cabeça para se tornarem a forma mais aceitável e comerciável de discriminação no mundo ocidental. A segregação por causa do peso se assemelha às ideologias e aos métodos de discriminação racial utilizados nos EUA em um passado recente (4/3/1990).

Ou seja, reclama-se de tolerância, proclama-se a igualdade entre os corpos, enquanto, ao mesmo tempo, percebemos um fluxo contínuo de hierarquização das representações das perfeições corporais. Sintetizando, o contemporâneo tem no corpo o palco de sua ética/poder.

A medicina e seus discursos

A invenção de um corpo pela episteme ocidental traz consigo uma série de procedimentos investigativos na esfera corporal. Le Breton (1985) sublinha como o vocabulário de anatomia, construído na época, é completamente desprovido de referências e simbologia, desenraizando o corpo de sua esfera social e cultural e de tudo que compreende a rede de significações que dá sentido ao mundo no qual vive o indivíduo: seus laços afetivos, religiosos, familiares; seus meios de sociabilidade e, finalmente, a geografia à qual pertence.

O corpo construído pela medicina é objetivo, recheado apenas por um conjunto de órgãos e um amontoado de vísceras, cujo funcionamento mecânico se dá de forma impecável e quase infalível, mas que, embora fascinante, perde em sua dimensão mais rica, aquela que não é constituída de carne e osso, mas sim de sonhos, fantasias, lembranças, crenças, medos... Enfim, sua dimensão simbólica!

A medicina busca separar o doente de sua doença, pretendendo com isso fundar um conhecimento através da sua melhor objetivação. Sua evolução na modernidade foi no sentido de focalizar a saúde de uma forma não integrada, deixando de levar em conta não somente a história de vida do sujeito, como também sua relação com o universo no qual está inserido.

Tal fato redundou em uma visão que desconsidera qualquer aspecto humano que não esteja relacionado aos processos orgânicos que acontecem no interior do seu organismo. Nas palavras de Le Breton (1985), a medicina isola o indivíduo para tratar apenas do seu corpo, esquecendo que o homem é um ser de relação e de símbolo e que a doença não é apenas um corpo a reparar (Ibid., p. 47).

O afastamento das tradições populares, além de implicar uma nova organização da imagem corporal, produz também novas categorias conceituais. A definição de Daniels (1999) sintetiza bem a concepção de corpo que abordamos até agora:

> Nas sociedades do tipo tradicional, o corpo é um lugar e um tempo indiscernível da pessoa. A existência de cada um se funde na sua inerência ao grupo, ao cosmos, à natureza. O corpo não existe como categoria mental que permite pensar culturalmente a diferença de um ator a outro (1999, p. 25).

Assim, contrariamente à acepção de corpo moderna, vimos que o corpo é o elemento de ligação entre os membros de uma comunidade e não o vetor de uma separação, tampouco estando restrito a ser uma singularidade na unidade diferencial de um grupo. Sua lógica reside em ser a estrutura que estabelece a ligação entre o microcosmo humano e o macrocosmo natural.

Segundo Boltanski (1984), a medicina familiar tem por essência a imitação. Nos dias de hoje são raras as pessoas que têm conhecimento das receitas caseiras da antiga medicina popular, logo, os atos médicos familiares da atualidade correspondem à reprodução das práticas médicas legais. O mesmo ocorre com a compra de remédios sem receitas. É com base numa prescrição médica anterior que a mãe adquire um medicamento sem receita para tratar uma doença com o mesmo sintoma.

É com base nesse comportamento mímico que Boltanski afirma que a medicina popular de hoje difere essencialmente da medicina popular praticada antigamente. O saber médico popular antigo era resultado da difusão oral (de boca em boca) do conhecimento científico específico de cada época e comumente praticado pelas classes menos favorecidas que, por sua condição social, não tinham acesso à medicina "legal". A medicina familiar de hoje parte da imitação ou reprodução do agir do médico com o qual se teve contato direto.

> O que distingue essencialmente o usuário da medicina popular de outrora do usuário da medicina familiar de hoje é que o primeiro, ao inverso do segundo, ignorava as origens científicas das receitas que usava, ignorava até a existência de uma ciência médica legítima e de especialistas como os médicos, únicos detentores autorizados daquela ciência (1984, p. 28).

A difusão dos conhecimentos médicos científicos operou-se, no caso da medicina popular, por meio de um grande número de intermediários entre a comunidade científica que os produzia e a enorme camada da população desprovida de recursos. Os atos medicinais eram assimilados até o esquecimento total de sua origem estranha, e seus efeitos eram incorporados ao acervo cultural do grupo. Hoje o usuário da medicina informal sabe e reconhece a ilegalidade dos atos praticados sem prescrição médica.

Talvez possamos acrescentar aos argumentos de Boltanski que, mais do que legalidade ou ilegalidade, trata-se também de ter ou não acesso ao sistema de saúde. Conhecemos a situação dramática dos serviços de saúde pública no Brasil, sem mencionar a dificuldade nos transportes e o difícil acesso aos médicos que os pacientes experimentam.

Mas ainda é preciso ter em mente o contexto social onde ambas as práticas ocorrem. Chás medicinais, receitas caseiras e xaropes de família continuam amplamente empregados nas comunidades populares, seja pela tradição cultural (muitas oriundas das regiões norte e nordeste), seja pela impossibilidade financeira de adquirir a medicação prescrita. Uma entrevistada que difundiu entre as colegas "emplastros" para substituir as massagens após as cirurgias serve como um bom exemplo:

> *Olha só, vou te contar uma coisa, mas você não vai falar nada com os residentes porque aí eu vou levar a maior bronca: fiz uma mistura lá em casa que deu certo e já passei para a mulherada aqui na fila. Misturei umas folhas que planto lá em casa com maisena e fiz assim tipo uma goma que serve de emplastro para dissolver os edemas, a minha avó mexia com ervas, era filha de índio e me ensinou muitas coisas – funciona que é uma beleza. Os meninos aqui do ambulatório dizem que é crendice, que não tem base nenhuma e que pode até fazer mal, mas as minhas colegas que vêm aqui fazer os curativos estão gostando dos resultados. Se a gente não passar nada, porque os cremes que eles recomendam, embora não sejam assim de marca, são muito caros, aí fica tudo empolado, eles dizem que é isso mesmo, que antes era muito pior e que a gente deveria comparar e ficar satisfeita e não ficar exigindo perfeição* (M.A., 58, empregada doméstica – blaferoplastia e lipoaspiração no abdômen. In: NOVAES, 2006a, p. 123).

Com relação ao discurso sobre a doença ou o uso de termos médicos, Boltanski constatou que os membros das classes populares não possuem liberdade para desenvolver um discurso próprio sobre as enfermidades. Isso ocorre porque possuem consciência de sua ignorância em relação à medicina legal. Reconhecem ser o médico seu único representante. Assim sendo, o discurso que produzem é normalmente tímido, carregado de estranhamento e/ou referenciado, ou seja, fazem questão de sinalizar que a fala não é própria e sim do médico, o especialista.

O reconhecimento da existência de um saber oficial e legítimo gera nas classes populares um aumento do grau de ansiedade e tensão a respeito da doença. Todos sabem que seu corpo pode ser atingido por qualquer tipo de enfermidade. Em razão disso Boltanski destaca que somente nas classes populares encontrou a descrição de doenças "anônimas" e "monstruosas", tanto para a medicina legal quanto para os que as sofrem:

> Os membros das classes populares sabem que tudo pode acontecer com seu corpo, ou por culpa da doença, ou por culpa do médico, e que não há mal tão monstruoso que não possa atingi-los. É também nas classes populares, e só aí, que encontramos a descrição daquelas doenças que não têm nome em nenhum tratado de medicina, nem, com maior razão, no espírito daqueles que as aguentam e descrevem; doenças estranhas, nas quais os ossos 'ficam esmigalhados' e 'se enrolam', os corpos 'se enchem d'água' ou então 'de pus' e incham desmesuradamente, cobrem-se de 'manchas gigantescas', 'apodrecem por dentro' e cujo tratamento parece muitas vezes tão monstruoso quanto os sintomas (1984, p. 35).

O discurso das classes populares acerca dos males que atingem seu corpo parece ser desesperado e incoerente, porém não deve ser julgado com leviandade. Antes deve ser compreendido à luz das condições de sua elaboração e da relação e comunicação estabelecida entre o médico e o paciente. Deve, sobretudo, ser entendido no interior de sua cultura.

Em trabalho desenvolvido na favela da Rocinha, Vilhena & Santos (2000) apontam para o fator de desenraizamento dessas populações, indicando os elementos discursivos como formas de preservar o pertencimento e a origem: as mulheres não ficam grávidas, "ganham barriga", "As carnes tremem por dentro, doutora!" etc. O imaginário popular, carregado de símbolos culturais, constitui uma área intermediária riquíssima onde a comunicação analista/analisando vai se dar promovendo produção de sentido e singularidade. Mais do que isso: conjugando o cultural/popular com o singular/particular.

As classes populares veem o médico como o único instrumento capaz de esclarecer o estranhamento da doença, uma vez que ele é, ao mesmo tempo, o mais importante agente de divulgação e propagação dos conhecimentos médicos e o limitador dessa propagação. Para Boltanski, a forma como essa classe assimila a competência profissional do médico é baseada nos critérios usados nas relações cotidianas com outrem, tais como a amabilidade, a boa vontade e a complacência. O autor justifica a escolha desses critérios de avaliação da ação médica com base na consciência da classe popular sobre a distância social que a separa da classe médica.

Entre as queixas ouvidas, os menos favorecidos sinalizaram a modificação do comportamento médico conforme a classe social do doente; reconheceram que o médico possui um conhecimento que lhes é estranho e relataram comportamentos hostis e/ou manipuladores por parte do médico para com o doente. Os pesquisadores confirmaram ser procedente essa percepção por parte do doente de classes populares, pois muitas vezes os médicos agem com indiferença, não "perdem tempo" esclarecendo sobre as doenças aos pacientes, ou prescrevem medicamentos por causa da comissão que recebem sobre sua venda.

Em sua pesquisa, Boltanski constatou que a maior reclamação dos doentes de classes populares é a ausência de franqueza do médico. Para eles, o médico não é claro, não diz o que pensa, omite informações, agravando a desconfiança na relação médico-paciente. O autor destaca que essa relação é proporcionalmente inversa: quanto mais elevada for a classe social do paciente, mais o médico fala, mais detalhes ele oferece ao doente, proporcionando ao paciente das classes mais favorecidas maior segurança acerca dos procedimentos adotados e diminuindo a distância entre o médico e o doente.

Para Boltanski (1984, p. 49), "a relação doente-médico é também sempre uma relação de classes, modificando-se a atitude do médico em função principalmente da classe social do doente". O autor explica que essa mudança de atitude é fruto do tipo de formação e de ideologia recebidas pelos médicos durante seus anos de estudo. Por essa razão, a percepção do médico acerca da classe social dos seus pacientes é seletiva e organizada em categorias e tipologias de doentes. Ao observar a entrevista dirigida a que o doente é submetido, os pesquisadores perceberam que ela fornece ao médico subsídios para definir o tipo psicológico e a classe social do doente.

Ficou claro para os pesquisadores que as informações colhidas nas entrevistas definem a imagem social construída pelo médico sobre seu paciente, e é com base nela que ele "escolhe" sua atitude diante do indivíduo e quais procedimentos serão adotados no decorrer da consulta. A manipulação física ou moral é a maior responsável pela personalização da relação médico-paciente.

Com as classes mais baixas a personalização é quase inexistente e predomina certa hostilidade ou desconfiança. Com as classes mais altas a personalização é o caminho mais natural, favorecido também pela proximidade linguística. A personalização e/ou a manipulação servem, ao mesmo tempo, para quebrar as resistências ou defesas do doente frente ao médico. Contudo, a principal razão pela qual os doentes das classes populares não confiam muito no médico consiste na distância linguística existente entre eles.

Segundo Boltanski, analisando e compreendendo a relação das classes populares com o curandeiro, é possível entender a relação delas com o médico. Para as classes médias e superiores, o curandeiro é uma espécie de mágico, e elas só o procuram atraídas pelo obscuro e misterioso. Já as classes populares o reconhecem e o buscam devido à proximidade linguística e ao fato de o curandeiro explicar ao doente a doença que ele sofre.

Em geral, o curandeiro pertence à mesma classe que o doente e sua ciência é percebida pelos seus como um dom. Entretanto, a pesquisa observa que essas classes menos favorecidas, embora acreditem e aceitem a eficácia das técnicas empregadas pelo curandeiro, não rejeitam a medicina oficial. Isso ocorre porque a desconfiança que a classe popular tem nos médicos incide mais sobre o próprio médico, suas atitudes e suas manipulações do que sobre o conhecimento científico.

Segundo Le Breton (2002), o homem da cidade (ou culto) que procura o curandeiro não está apenas em busca de uma cura que a medicina não pode lhe proporcionar, mas também de um conhecimento acerca de seu próprio corpo muito mais digno de interesse do que aquele fornecido pelo saber biomédico. No diálogo com o curandeiro, este homem descobre uma dimensão simbólica que provoca surpresas e questionamentos que o acompanharão por muito tempo, enriquecendo sua existência com outra dimensão simbólica.

Mas essa impossibilidade de comunicação ou intolerância com desconhecimento do outro não pode ser restrita à relação com as camadas populares. Frequentemente ouvimos de pacientes "cultos", "informados" e de outras classes sociais que a escolha de determinado médico se deu muito em função da relação estabelecida entre ambas as partes. Ou seja, não basta uma reconhecida competência, é preciso haver empatia na relação. Busca-se um interlocutor que veja o corpo não apenas como um organismo, mas como o suporte de uma teia de significações em que a palavra não pode faltar.

Um bom exemplo para ilustrar é a série de televisão *House*, campeã de audiência. Sabemos que as produções culturais espelham um imaginário e dele se nutrem. *House* é um "excelente" médico, com superpoderes para diagnosticar – sobre os quais não vamos nos deter – e cuja característica mais marcante é exatamente detestar os pacientes. *House* ama a doença e a busca pela cura, mas se aborrece profundamente porque as mesmas vêm acompanhadas de um paciente! Segundo ele, todos os pacientes mentem e atrapalham no diagnóstico e na cura!

Boltanski aponta o grau de instrução como um fator facilitador, ou não, da relação médico-paciente. Sabe-se que quanto maior o grau de instrução do paciente, maior será a possibilidade de estabelecer uma relação de amizade com o médico devido à proximidade com sua classe social.

> Se o desamparo dos membros das classes populares diante da doença não tem equivalente nas classes superiores, é em primeiro lugar porque o médico, para estas últimas, não é o delegado anônimo da instituição médica, mas um personagem familiar, do qual se pode apreciar a competência e o valor, e em quem se pode apreciar a qualidade do homem atrás do profissional (1984, p. 68).

Acreditamos que tais observações não possam ser corroboradas em sua totalidade. Como apontaremos a seguir, o discurso médico barra de seu universo pobres e ricos (os primeiros com mais intensidade, certamente), posto que isola o paciente de seu sintoma. A distância aqui mencionada nós atribuímos muito mais à relação saber/poder estabelecida pelos profissionais de saúde do que à incapacidade intelectual ou instrução dos usuários. Voltamos a enfatizar que não estamos tratando das distinções entre o urbano e o rural.

Como bem aponta Le Breton (2002), o saber biomédico é, em certa medida, a representação oficial do corpo humano de hoje. O que é atualmente ensinado nas universidades, o que se examina nos laboratórios, o fundamento da medicina moderna, trata-se muito mais de um elemento de uma cultura erudita, posto que é pouco compartilhado fora deste círculo. O que aprendemos na escola sobre a nossa própria anatomia não é suficiente para que tenhamos conhecimento desse corpo tratado pela medicina. Por isso, para o autor, tão frequentemente recorremos a outras referências simbólicas.

O autor chama a atenção para o quanto as chamadas medicinas "paralelas" ou alternativas vão tomando conta de nossa vida simbólica e organizam a nossa vida social, evidenciando o descompasso entre as demandas sociais e as respostas dadas pelas instituições médicas. É importante frisar que não há aí uma desqualificação do saber ou da eficácia da medicina tradicional, apenas a constatação do crescimento da demanda por outros saberes afins que, de certa forma, respondem a anseios coletivos.

O médico, ao silenciar ou negar informações sobre as doenças aos pacientes das classes baixas, por entender que elas não são capazes de compreender os termos técnicos, impede que uma relação de confiança seja estabelecida. Por outro lado, o paciente da classe popular reconhece a existência de um vocabulário ou discurso médico específico e legítimo. Tal consciência 'proíbe' a construção de um discurso paralelo, vulgar, autônomo e coerente que aproxime as classes populares do conhecimento de seu próprio corpo, impondo às mesmas um distanciamento que as impede de manter uma relação científica e reflexiva com a doença. Contudo, se o médico não lhe esclarece o suficiente sobre o seu mal, o doente é obrigado a construir, por conta própria, um discurso sobre a doença.

Boltanski destaca que o discurso produzido pelas classes baixas, com os fragmentos de informações dadas pelo médico, tem a função de reinterpretar e representar a doença para que o paciente satisfaça a necessidade natural de compreendê-la. Embora estas sejam representações individuais, elas são construídas sobre regras fixas de categorias e de esquemas de classificações de caráter coletivo.

> O discurso que o médico mantém na presença do doente e que fornece a este o material para elaborar o seu próprio discurso sobre a doença não é igual ao discurso científico coerente e exaustivo que o médico produz quando, por exemplo, expõe um caso diante de uma assembleia de colegas ou alunos. [...] Além disso, o médico, que sempre se adianta ao que supõe serem as expectativas do doente, mistura aos termos técnicos representações ilustrativas da doença e já aí introduz no seu próprio discurso, deliberada ou involuntariamente, reinterpretações cuja função habitual é fazer com que o doente aceite a técnica de tratamento que o médico quer lhe impor (1984, pp. 72-73).

Portanto, é a partir do discurso do médico que o doente toma por empréstimo os termos que reconhece e constrói suas próprias representações da doença, mantendo certa coerência. Os termos científicos desconhecidos são substituídos por uma classificação que lhe seja familiar, permitindo-lhe com isso compreender a doença e restabelecer sua relação com o próprio corpo. Os extratos mais favorecidos da população recorrem a termos próximos aos científicos para falar das doenças que lhes atingem.

As categorias utilizadas pelos membros das classes populares para reinterpretar o discurso do médico são em geral categorias que correspondem às propriedades mais universais das coisas e que são quase inseparáveis do funcionamento normal do espírito. Estas categorias, como escreveu M. Mauss, estão constantemente presentes na linguagem, sem necessariamente estar explicitadas e existem em geral com mais frequência sob a forma de hábitos diretores da consciência. Na maior parte dos casos trata-se de categorias espaciais ou de categorias de substância (1984, p. 78).

As classes populares costumam usar as categorias de substância e as espaciais para descrever o movimento da doença pelo corpo, e criam uma conexão mínima com o tempo, isto é, quando e onde (no corpo) tiveram a doença para construir sua biografia.

Boltanski esclarece que as categorias utilizadas para falar da doença partem da percepção imediata do outro na vida cotidiana. As categorias morfológicas (magro/gordo) são associadas às características opositivas, como nervoso/calmo, e depois às patologias. Por exemplo: a magreza é associada à tuberculose; a diabete é representada pela "diabete gorda" ou "diabete magra". Tais categorias de percepção do outro estão relacionadas ao discurso da dieta alimentar das classes populares, ao que absorvem na alimentação e ao que eliminam.

O processo de difusão do conhecimento científico segue os mesmos padrões da antiguidade, salvaguardando as devidas diferenças e proporções. O conhecimento produzido no período pré-científico difundiu-se lentamente e atingiu em maior escala as camadas sociais mais baixas. Enquanto a medicina evoluía cientificamente, também surgiam escolas para a divulgação desse conhecimento entre as camadas superiores que, por essa razão, familiarizaram-se rapidamente com os termos da ciência de sua época – conforme ocorre até hoje –, mantendo a mesma distância e hierarquia social de outrora entre os médicos e seus pacientes.

Segundo Le Breton (2002), a medicina busca situar-se fora do contexto social e cultural ao apresentar-se como a detentora da reposta "verdadeira", a única científica e, portanto, intocável. Tudo se passa como se a medicina ocidental fosse o marco de referência de todas as outras possibilidades de aproximação da doença. Assim, para entender a busca pelas medicinas ditas alternativas ou paralelas, segundo o autor, é fundamental que se reflita sobre isso.

Sabemos que onde há poder, há também resistência.

Em nossa pesquisa com mulheres de classes populares que se submeteram a cirurgias estéticas reparadoras (NOVAES, 2004, 2006a), encontramos as diferentes estratégias usadas por elas para driblar o saber médico:

Acho que é porque isto aqui é hospital público e a gente é pobre, então acham que estão fazendo caridade e, portanto, ninguém vai voltar para reclamar, mas eu sei, porque na casa que eu trabalho a minha patroa fez e eu via a massagista indo lá – aí eu dava uma olhada e quando fiz a lipo pedi para a minha comadre, que já trabalhou em salão fazendo massagem estética, dar uma ajudazinha. Toda semana ela vai lá em casa. Eu até aprendi a fazer também, assim, se uma conhecida minha lá do beco conseguir também fazer com o doutor Cláudio a gente já pode dar aquela ajuda né! (G., 37, faxineira – lipoaspiração no culote. In: Novaes, 2006a, p. 123).

Gordos: os novos vilões?

Por trás das diversas discussões sobre obesidade podemos encontrar a questão: os obesos são vítimas ou culpados? Vítimas da genética, de mecanismos de sobrevivência da espécie, ou cometem o pecado da gula? Em um interessante artigo que trata a obesidade como um fenômeno social com diversas representações, Fischler (1995) tenta construir uma classificação dos estereótipos morais ligados aos obesos.

Uma das primeiras coisas assinaladas pelo autor é o caráter de ambiguidade que as representações sociais sobre a gordura assumem no imaginário atual. Damos aos obesos um tratamento contraditório e nele reside um paradoxo importante a ser destacado: aos gordos associamos estereótipos como simpatia e amabilidade, mas, por outro lado, sua imagem inspira a lipofobia como um sintoma social.

Nesta classificação, o autor divide os obesos em dois grupos que variam de acordo com determinados padrões de comportamento e cujas denominações são as seguintes: *obesos benignos* e *obesos malignos*. No primeiro grupo o autor enquadra o indivíduo de comportamento expansivo, extrovertido, brincalhão – o típico gordinho "boa-praça", que parece querer desculpar-se pela inadequação física compensando tal fato através da convivência agradável. Já no segundo, figuram as pessoas que se negam a efetuar qualquer tipo de transação simbólica com vistas a serem socialmente aceitas.

Não havendo qualquer tipo de restituição simbólica que possa despertar a piedade alheia, os gordos são mantidos excluídos, feito párias sociais, pois já não participam das regras do jogo social. Não à toa, na sociedade contemporânea, os obesos são denominados "malignos" ou "malditos" – como no jocoso termo empregado por Fischler. Possuem também um comportamento visto como depressivo e, por isso, desprovido da obstinação necessária para a contenção de suas medidas corporais. Enfim, sua imagem demonstra certo desânimo perante a vida e traduz fracasso no agenciamento do próprio corpo e dos seus limites.

Numa sociedade como a nossa, na qual o máximo da valoração social não reside na realização das ideologias/utopias, mas na realização dos projetos individuais, nada então mais antipático e que desperte menos solidariedade do que um indivíduo incapaz de empenhar-se no projeto pessoal da boa aparência.

Em seu artigo, Fischler lança mão das contribuições do sociólogo americano Erving Goffman para enriquecer ainda mais sua análise sobre o lugar que o indivíduo gordo ocupa nas comunidades e nos grupos sociais.

De acordo com Goffman (1975), o sucesso do "obeso benigno" em conseguir não sofrer a rejeição do grupo ao qual está inserido dá-se em função do papel ambivalente que lhe cabe ocupar. O termo "desviante integrado", cunhado pelo sociólogo, reflete bem essa ambiguidade.

Ainda que integrado, o gordo deve desempenhar papéis muito específicos, cujo comportamento, invariavelmente engraçado ou patético, provoca uma reação de escárnio por parte dos outros integrantes do grupo. Assim, embora centralize as atenções sobre si, não partilha do mesmo estatuto que os demais membros.

Sua postura face ao grupo é a de alguém em desvantagem ou que apresenta um desmérito quando comparado aos demais. Portanto, para ingressar no grupo, é necessário vestir a camisa de gordo, por assim dizer. Isso implica o desempenho de uma série de atitudes predeterminadas – não basta ser gordo, é preciso agir como tal!

Tal fato evidencia a existência de um acordo tácito, no qual o gordo enquanto ator social está sempre restrito ao mesmo papel, ao contrário dos outros atores, que deslizam livremente.

O fenômeno descrito por Goffman implica uma transação simbólica e, embora não manifesta, as regras do jogo são claras e seus jogadores precisam saber compartilhá-las. Cabe ao gordo a concessão do papel de bufão e figura avacalhada, caso queira integrar-se.

Para Fischler o que jaz é um julgamento moral. Eles parecem violar constantemente as regras do comer, do prazer, do esforço, do controle de si – o obeso come mais do que a sua parte, eis a questão. Historicamente, a corpulência estava associada com a quantidade de comida que o sujeito tomava para si, ou seja, não raro o sujeito gordo era considerado como o usurpador da comida alheia. A violação das regras de divisão dos alimentos, que simboliza na maioria das sociedades uma forma importante de vínculo social, fez recair sobre os gordos uma atitude de suspeita.

Assim, continua o autor, o glutão é acusado de infringir os próprios fundamentos da organização social, "o que o remete à animalidade" (1995, p. 74). Por isso ele precisa restituir à coletividade esse "a mais" que toma, desempenhando o papel que lhe é ofertado.

E ainda, é através do mecanismo de restituição social que sua gordura vira metáfora de músculo, e a voracidade reprovada vira apetite necessário ao seu trabalho; na falta da força pode quitar sua dívida no registro cômico e/ou espetacular, sob a forma de zombaria, na maioria das vezes em seu próprio detrimento. Em geral, observa Fischler, o gordo utiliza sua obesidade em papéis compostos, oscilando entre o bom e o mau, o gordo engraçado e o mesquinho, vítima ou vilão. O fato é que ou o gordo cede a tais termos ou é rejeitado pelo grupo. O medo de ser rejeitado é vastamente relatado por eles, no trabalho, na família, ou com os amigos.

O gordo-mau é aquele que não paga sua dívida simbólica, recusa o lugar de desviante integrado, de bufão e saco de pancadas, e está presente em diferentes graus e imagens na sociedade. Fischler (1995) observa que podemos encontrá-lo, do grotesco à ferocidade, passando pela perversidade, no gordo aproveitador do mercado negro, no traficante, no capitalista sanguinário que devora os famélicos miseráveis; rico e pobre, explorador e explorado, um se nutre do outro, um vampiriza o outro.

Atualmente a obesidade é marcante nas classes mais pobres, ao passo que as classes mais ricas, com acesso a uma medicina mais avançada, são magras, com corpos desenhados e esculpidos, conforme devem ser. A percepção e a distribuição sociais da gordura mudaram, e na atual modernidade ocidental tais metáforas, citadas acima, já não funcionam tão bem. Quando os ricos eram gordos, com uma grande margem se considerava a gordura sinal de prosperidade, respeitabilidade plausível, mas também sinal de capricho satisfeito;

> mas isso não significa, como se tem por vezes, apressadamente, tendência a dizer, que nossos ancestrais amavam a obesidade, ou que eles não faziam distinção entre robustez e a obesidade... há também permanência, há sem dúvida universalidade, na suspeita de transgressão que pesa sobre o gordo (1995, p. 79).

Quando a comida era escassa e, portanto, privilégio dos ricos, a gordura era de certa forma sinônimo de saúde e prosperidade, enquanto a magreza sugeria miséria, definhamento, doença, e até maldade ou ambição desenfreada. Atualmente, sabe-se que uma dieta composta por carboidratos e farináceos é bem menos dispendiosa financeiramente do que o consumo de produtos *diets* e *ligths* – fato constantemente relembrado por nossas entrevistadas, como veremos no próximo capítulo.

Perturbar demasiadamente o corpo, subtrair, acrescentar, modificar, põe o homem numa posição ambígua, intermediária, pois uma fronteira simbólica é rompida, como diz Le Breton (1985), e se você aspira à humanidade de sua condição, deve oferecer a ela as aparências comuns. Quem não pode oferecer isso, seja por deformidades ou mutilações, está destinado a uma existência diferenciada e ao fogo dos olhares dos outros, dando testemunho constante da sua diferença.

Nahoum (1987) identifica dois fatos históricos que considera terem sido fundamentais para a transformação da imagem social do corpo. O primeiro deles refere-se à difusão da técnica da feitura de espelhos, consequentemente ampliando a sua utilização nas habitações. O uso de espelhos era restrito a uma elite até o começo do século XVIII. Somente no século XX sua utilização passou a ser maciça nas classes populares, sendo um objeto banal de se encontrar entre os utensílios ou mobiliários domésticos.

O segundo fato está relacionado à educação que os nossos sentidos receberam, na qual a visão assumiu um papel preponderante no que diz respeito à representação corporal. Isso acabou por constituir um aspecto essencial para a construção moderna das formas de atenção com o corpo, além de forjar a percepção que adquirimos em relação ao mesmo.

Nas palavras de Nahoum: "Como viver num corpo que não se vê? Como mirar sua celulite na água do poço? Seu queixo duplo, no fundo da panela? Como construir uma imagem corporal tendo por espelho os olhos do outro?" (1987, p. 23).

Somente estruturas societárias do tipo individualistas produzem um corpo como um elemento isolável do indivíduo. "O corpo é o rosto, é o que identifica e nos diferencia dos outros. Trata-se de um dos dados mais significativos da modernidade", sentencia Le Breton (1985, p. 46).

A relação de dominação verificada no âmbito corporal dá-se no sentido do indivíduo em relação ao seu corpo e não o inverso. Cabe ao sujeito a responsabilidade no agenciamento de si, determinando, vigiando, balizando e observando suas próprias ações e o seu comportamento.

Partindo da premissa de que os imperativos estéticos são, simultaneamente, produzidos e reforçados por expectativas socialmente instituídas, é possível concluir-se que é a relação com a alteridade, ou seja, com o olhar do outro, que atribui uma avaliação demasiadamente depreciativa a respeito da imagem corporal que o sujeito constrói sobre si. Nota-se, contudo, que ao descrever a própria imagem, o indivíduo tende a querer desvencilhar-se dos adjetivos mais depreciativos fazendo uso de eufemismos e diminutivos para mascarar sua real aparência.

É interessante notar a maneira peculiar e afetuosa, parecendo muitas vezes negar a realidade, como a maioria das mães de crianças obesas nas classes populares descreve seus filhos – elas se referem a eles como gordinhos, cheinhos ou gulosos, enquanto na escola seus colegas utilizam adjetivos agressivos e que denotam uma evidente depreciação moral (balofo, hipopótamo, paquiderme, rolha de poço etc.). Usando esse tipo de denominação, as mães parecem desculpar seus filhos perante a sociedade, que os encara como glutões e inadequados. É também através da adjetivação carregada de afeto que fornecem a valoração não encontrada socialmente.

Segundo Fischler, as categorias que representam a gordura, a magreza e a obesidade mantêm-se relativamente estáveis ao longo dos séculos. Contudo, é preciso que estejamos atentos, pois são os critérios que determinam o limiar entre uma e outra que sofrem grandes variações. Nas palavras do autor: "era preciso sem dúvida, no passado, ser mais gordo do que hoje para ser julgado obeso e bem menos magro para ser considerado magro" (1995, p. 79).

Mais ainda, um olhar atento ao discurso médico será capaz de depreender quão mais tolerante este é ao tratar de outros distúrbios alimentares. Em recente palestra em um centro cultural, com alguns médicos na plateia, escutei a seguinte observação: "eu realmente não tenho paciência com este descontrole! O cara não sabe que vai morrer? Ter diabete, hipertensão e mais uma série de problemas? Por que não se controla?"

Indaguei se a anoréxica também não sabia que iria morrer? Provavelmente, com muito mais rapidez, se não internada. Destaquei como em sua própria fala ele apontava para algo que era de outra ordem – o descontrole.

Anoréxicas e bulímicas, sabidamente, causam muito mais compaixão do que obesas, mesmo entre profissionais de saúde. Serão elas privilegiadas pelo imaginário que nos relembra o sacrifício religioso do jejum praticado? Já as obesas são desqualificadas em qualquer aspecto psíquico envolvido no comer compulsivo, tratado mais uma vez como uma questão de caráter, falta de disciplina, desleixo e ato de vontade.

Observamos aí uma volta ao modelo platônico em contraposição aos estoicos. O modelo platônico é tecnológico. Viver no limite é estar em conformidade com a forma do ser humano. Se você segue com precisão os ditames da razão, vive na forma.

Não bastasse o profundo estigma que carregam, inclusive de muitas vezes não comerem em público para não serem ridicularizadas, não poderem ir às academias de ginástica, pois estas são espaços para mulheres secas, saradas e definidas (nas camadas mais altas), não frequentarem a praia para não serem execradas publicamente, as gordas também não contam com o apoio da medicina. Muito pelo contrário.

Em última análise, nota-se que na atualidade a tolerância para com a gordura diminuiu drasticamente, chegando, até mesmo, a ser enquadrada na forma de uma categoria de exclusão. Carregada de estereótipos depreciativos, a gordura dá lugar à magreza, que é, então, positivada e exaltada.

Assim, a mesma cultura que elege o corpo como lócus privilegiado dos investimentos individuais produz, simultaneamente, sujeitos lipofóbicos e o atual estado de corpolatria do qual somos todos testemunhas.

Certamente não estou defendendo a obesidade. Como falei já na introdução deste livro, ela é, sem dúvida, um problema de saúde pública e seus riscos são inúmeros. O que defendo, sim, além das políticas de saúde, é uma política de ação afirmativa para esse grupo, uma política que criminalize esse tipo de preconceito, aliás, qualquer tipo de preconceito.

Tomou-nos quinhentos anos para aceitarmos que somos um país racista. Quando vamos nos dar conta de que o outro, seja ele quem for e como for, é um sujeito tão humano como nós?

De acordo com Auterives Maciel (comunicação pessoal), para os estoicos a minha forma me destaca pelo que não sou, e é daí que ganho individualidade. A forma é sempre efeito e nunca causa. O que então desempenharia o papel de causa, perguntam-se os estoicos? O corpo é tudo aquilo que possui o poder de afetar e ser afetado – duplo poder. Em última análise, o corpo é um complexo de ação e paixão.

O senso comum dizia que o corpo é tudo aquilo que possui tridimensionalidade. Já naquela época, e de acordo com os estoicos, essa afirmação abrangia uma percepção muito reduzida do corpo encerrado em sua forma. Advém daí uma perspectiva mais dinâmica do corpo.

O corpo passa então a ser concebido como um composto de ação e paixão. Todos os corpos devem interagir entre si. O limite aqui surge a partir da força e não da forma, pois o corpo será mais forte quão maior for a sua capacidade de interagir com outros corpos. Corpo não é mais sinônimo de indivíduo, mas sim de mistura, o que amplifica bastante o seu conceito.

Formam-se duas tensões paradoxalmente complementares: individualidade x mistura. Eu estou ao longo da vida fazendo corpo com os outros corpos, o que resulta num corpo mais potente e mais extenso. Portanto, esse limite pode, a todo momento, ser estendido.

Até onde meu corpo vai? Isso nos leva a pensar em algo da ordem da deformação. Por exemplo: uma cidade pode ser compreendida como um corpo, pois sua dinâmica consiste em trocas/interações constantes entre os corpos (até então pensados como indivíduos), o que por sua vez pode ser enxergado como um corpo gigantesco, vivo, pulsante e em constante mutação. Agir, padecer, compor e decompor são ações contempladas na dinâmica de um corpo e certamente de um território.

Vejamos o que nossas entrevistadas nos dizem. Como reagem ao discurso médico? Estarão elas tão submetidas aos ditames da estética contemporânea quanto aquelas que entrevistamos previamente? Como vivem com seus corpos em seus espaços de convivência? Como exercem sua sexualidade? Enfim, que usos fazem de seus corpos?

4 Entre becos e vielas, uma nova geografia do corpo

"Podemos nos acostumar com a feiura, mas não com a negligência."

Coco Chanel

Existe uma famosa e mal compreendida frase de Geertz em que este afirma: "os antropólogos não estudam as aldeias, eles estudam nas aldeias" (1978, p. 87). A intenção de Geertz foi apontar a dificuldade de um pesquisador empreender um estudo de campo, por ele aqui nomeado como aldeia, sem que haja pelo menos alguma incursão ao campo escolhido como objeto de estudo.

Com a metáfora da aldeia, o que Geertz parece estar nos dizendo, como já apontei na introdução deste livro, é que não existe um olhar externo, ou neutro, entre o pesquisador e seu campo de investigação.

Nas palavras de Zamora, apoiada em Minayo:

> Em ciências sociais existe a identidade entre sujeito e objeto da investigação. Humanos investigam humanos, que mesmo diferentes na cultura, na classe, no sexo, na idade, na história, têm algo em comum, que é irredutível. Ou seja, nós somos atores e autores ao mesmo tempo e não refletir sobre essa dupla condição pode comprometer nosso trabalho (1999, p. 152).

Isto, contudo, não significa ignorar as diferenças – daí a necessidade de redobrar nossa atenção e cuidado com nossos próprios estereótipos.

> A questão do diálogo, em tal contexto, impõe singulares problemas não apenas de decodificação, mas de sua própria possibilidade de existência. [...] O que se colocou como condição de pesquisa foi a experiência existencial de estudar o campo, comportando uma experiência teórica absorvida emocionalmente. A experiência emocional do campo vem modulada teoricamente (VILHENA, 1993, p. 32).

Utilizando ainda algumas das reflexões metodológicas de Vilhena, entendemos as histórias aqui relatadas como um "meio de organizar os dados sociais preservando o caráter unitário e singular do objeto social estudado" (1993, p. 23).

O número de entrevistas (vinte) foi definido em função do nosso nível de compreensão e apreensão do objeto pesquisado. Poderia ter sido qualquer outro: um ou cem. Como aponta Vilhena (1993), para Freud bastou o relato autobiográfico de Paul Schreber para que ele elaborasse a teoria da paranoia – o famoso Caso Schreber. Para nós, acreditamos que ao término da análise e construção de nossas vinte entrevistas havíamos colhido material suficiente para aventar algumas hipóteses.

Finalmente, ainda que com objetos distintos, algo comum emerge: "A visão que se apresenta é refratada como o próprio campo pesquisado, fragmentada como a própria realidade vivida, ambígua como a própria subjetividade construída..." (VILHENA, 1993, p. 118).

Breves observações sobre favelas no Rio de Janeiro

No Rio de Janeiro, já passa de um milhão o número de habitantes que vivem em favelas, segundo o Censo de 2000 do Instituto Brasileiro de Geografia e Estatística – IBGE (2003). A maior parte das pessoas dessas localidades vive problemas como a pobreza e a falta de acesso a equipamentos sociais suficientes e adequados. Além disso, a violência, envolvendo a venda de drogas e a polícia, pode estar presente em suas vidas.

A desconfiança mútua e a exclusão social à cultura da cidade respondem redesenhando-a e traçando mapas de segregação socioespacial, que provocam efeitos nas produções subjetivas. Observa-se atualmente que as relações entre os diferentes segmentos sociais nos percursos da cidade acontecem atravessadas pela desconfiança e pelo temor ao outro, e a juventude pobre é frequentemente vista como instável e perigosa. Consequentemente, os canais de comunicação e os espaços de convivência entre esses segmentos se tornaram ainda menores do que já eram, aprofundando a distância e a falta de comunicação entre eles na vida da metrópole. Essa incomunicabilidade, compreendida como uma modalidade de violência construída no interior das contradições sociais, implica determinadas formas de apropriações subjetivas (VILHENA, 2003).

Segundo Dimenstein, Zamora & Vilhena (2005), é preciso articular territorialidade e produção de subjetividade, produção de formas de pensar, agir, sentir, de ver e estar no mundo. É fundamental pensar a favela como um território vivido e percebido por crianças, adolescentes e jovens, "um magma de significações" (CASTORIADIS, 1982) capaz de lhes dar sentido e uma identidade, geralmente atravessada pelas significações imaginárias presentes na sociedade que os associa a marginais, delinquentes, bandidos. Ou seja, o território, ao mesmo tempo em que apresenta uma positividade no sentido de possibilitar um reconhecimento social dos sujeitos, é capaz também de criar uma imagem unificada das populações que aí vivem associadas à marginalidade. Falamos, assim, de uma subjetividade confinada em territórios marcados pela violência das desigualdades de oportunidades de vida, a qual fabrica e reatualiza cotidianamente novas expressões.

No momento em que vivemos atualmente, compreendemos a superposição histórica das representações do negro como perigoso e suspeito; da pobreza como desordenada e insalubre e os morros e favelas como o lugar onde esses atributos podem ser encontrados. Não é difícil verificar que essas representações são absolutamente atuais e norteiam o trabalho de controle e contenção das classes populares – especialmente dos negros – pela polícia, sem precisar recorrer a qualquer *apartheid* legal.

A organização social de pouquíssima mobilidade e maciça exclusão sempre privou as pessoas pobres, em geral, e os negros, em particular, da liberdade e do exercício pleno da cidadania.

Essa territorialização do crime e da violência em favelas e periferias pode ser compreendida como a "atualização dos campos de concentração e de extermínio", segundo Wacquant (2001), na medida em que há uma identificação pública dos inimigos sociais e sua delimitação em espaços localizados, em fronteiras demarcadas, promovendo sua desqualificação e estigmatização, acentuando a vigilância e o controle.

Contudo, em nosso estudo, gostaríamos também de pensar como esse território, esse lugar, agencia novas formas de sociabilidade e usos do corpo, que, ilustradas nas falas de nossas entrevistadas, redesenham uma geografia também corporal.

Por tratar-se de uma pesquisa contrastiva, tomo como referência as falas de entrevistadas pertencentes às camadas médias e altas em pesquisas realizadas anteriormente (NOVAES, 1998, 2001, 2004, 2006), contrapondo-as com minhas entrevistadas atuais, que sem nenhum eufemismo vou chamar de *pobres*.

Temos o curioso hábito no Brasil de mudar as palavras, como se assim mudássemos também seus significados e as coisas melhorassem. É só pensarmos no número de moedas que já tivemos: réis, cruzeiro, cruzeiro novo, cruzado, real e por aí vai. O mesmo se passa com essa população: carente, menos favorecida, excluídos etc. Mas há sempre uma crítica, não importa qual a palavra empregada: reduzir a população à carência? Desfavorecido em quê? Excluídos ou desfiliados? Mas na verdade estamos falando de uma situação que há quinhentos anos não muda e piora cada vez mais: a imensa defasagem de renda e de condições de vida entre os mais ricos e a grande maioria de nossa população.

O mesmo se aplica ao termo comunidade. Segundo Elis – minha "diretora de casting", já apresentada na introdução deste livro –, por que chamar de comunidade – que remete a um pensamento de união – quando na realidade, frequentemente, cada um pensa só em si mesmo? Ao mesmo tempo, o termo favela carrega uma conotação pejorativa. Ainda com Elis: "quando eu quero xingar alguém, chamo logo de favelado." No entanto, ressalta ela, isso não significa que a "comunidade" seja um bairro como os do asfalto. "Não adianta fingir."

Pessoas, comidas e adereços.
A multiplicidade de estímulos que é a favela.

Sabemos, pela experiência prática e pelos trabalhos desenvolvidos com comunidades, como é frequente na procura por emprego o sujeito mudar o endereço para não ser identificado como "favelado" e, consequentemente, perigoso. Além disso, os serviços de entrega de vários estabelecimentos comerciais recusam-se a transportar mercadorias para as chamadas "zonas de risco".

Então, se nos capítulos anteriores fiz uma concessão à academia, aos textos lidos ou ao *politicamente correto*, neste segmento vou dialogar com as mulheres pobres, sem que isto as reduza a "mulheres faveladas", o que, aliás, já rendeu votos a muitos!

Para facilitar a leitura, já tendo indicado as referências das pesquisas anteriores, restrinjo-me a dar o nome e a profissão de cada entrevistada, ficando assim claro a qual segmento social pertence.

Meus primeiros passos: continuidades e rupturas de um campo minado

Não é ignorado por ninguém que o trabalho em comunidades deve ser precedido de certos cuidados que vão além daqueles necessários em qualquer pesquisa. Não se chega ou "entra" em uma favela sem que antes sejam feitas as necessárias intermediações.

A vida em determinados lugares passa-se em espaços controlados por traficantes, polícia e até por outras polícias/milícias. Tais espaços altamente conflituados estão em estado de tensão permanente, pois neles se sobrepõem malhas heterogêneas de poder, nem sempre constituindo uma moradia receptiva para o pesquisador.

Sobre este delicado e habilidoso processo de entrada em uma favela carioca, nos fala Zamora (op. cit.) citando Antonio Rafael Barbosa: "Não se entra em uma favela sem um destino certo. Na 'fronteira bárbara' dos territórios do tráfico não há lugar para a *flânerie* despreocupada e nem ninguém se pode dar ao luxo de ficar perdido pelos becos" (p. 8).

Não poderia ser diferente em meu caso.

A autorização concedida para que este estudo fosse realizado em uma das comunidades pesquisadas deu-se em meio à comemoração do aniversário de uma importante "autoridade" do morro. As peculiaridades do campo começavam pelo fato de a pessoa de maior autoridade em uma das comunidades estudadas ser uma mulher, que, posteriormente, cumpridas as devidas formalidades, contou-me longa e detalhadamente sobre seus rituais de beleza.

Algumas sensações acompanharam a minha chegada neste novo e estranho território de pesquisa. Sentia-me, com certa frequência, num terreno perigoso, que incitou muitos questionamentos sobre o papel do pesquisador, minha presença no universo estudado e os limites até onde devemos chegar para realizar nosso trabalho.

Situação bastante desconfortável, e devo confessar que, inicialmente, temi por minha integridade física, limites, riscos e algumas interações por mim interpretadas como perigosas, mas necessárias.

Como entrar num território sem falar com o dono? Como lidar com sentimentos contraditórios? Como ouvir histórias de vida que creditam a entrada no mundo da contravenção e o ingresso em uma vida acadêmica frustrada às desigualdades de condições na formação de base daqueles que frequentam o sistema de ensino público, sem, no entanto, sentir-se impelido a fazer julgamentos morais em relação àqueles que, diante das mesmas privações, não optaram por este caminho?

Como e onde manter o foco da atenção em ambientes sujeitos às mais distintas intervenções simultaneamente? Para onde olhar, quando em um só ambiente acontece uma grande confraternização, armas de grande efeito letal permanecem perfiladas na frente do entrevistador, e pessoas entram e saem num movimento perturbador enquanto contam o dinheiro arrecadado pelo chamado "movimento"?

Tudo isso, conjugado ao fato de as entrevistas serem interrompidas diversas vezes porque o sujeito entrevistado era alvo de inúmeras demandas vindas de moradores da comunidade, que clamavam por soluções para problemas cotidianos e prosaicos – do conserto de uma geladeira, que teimava em enguiçar, deixando a dona da birosca em frente sem poder ganhar o seu sustento, até o pedido de arregimentação de indivíduos solidários que pudessem colaborar na mudança de uma família cujo barraco/habitação estava situado em lugar de difícil acesso daquela comunidade.

Afinal, intimidação, demarcação de espaços, imposição de barreiras e cobranças vinham acompanhadas, naquele momento, de gentileza, respeito, deferência e, certamente, dependendo da atitude a ser tomada, poderiam ser interpretadas como desfeita e desqualificação. Enfim, como separar o joio do trigo e entender as regras do jogo com a sutileza necessária para fazê-lo acontecer?

Em outra comunidade visitada, algo significativo no terreno das intermediações merece destaque: poder dispor do que minha auxiliar de pesquisa e eu denominamos, jocosamente, de "diretora de *casting*". Elis, minha auxiliar/diretora, me apresentou a todos, não sem antes informar não sei a quem de minha presença no morro. Obtida a permissão, as portas se abriram e o trabalho pôde ser iniciado.

Conforme mencionei acima, já de início me espantei com a disponibilidade e a vontade das minhas entrevistadas. A escolha delas se dava de forma inusitada para mim.

Elis separava os grupos em "cocotas" e "barangas" e claramente já especificava: *só serve baranga*! Tática extremamente *criativa*, posto que nesta comunidade não havia academia de ginástica, o que facilita bastante o recrutamento de interessadas e a seleção de entrevistadas.

A seleção das candidatas a serem entrevistadas caracterizou-se como um grande evento, o que, posteriormente, redundou numa demanda espontânea de mulheres dispostas a dar inúmeros depoimentos e relatos de histórias de vida.

Contudo, da mesma forma em que se mostravam solícitas, a contrapartida era que se estabelecesse uma via de mão dupla, ou seja, naquela comunidade específica, me foi cobrado intervir mediando um contato entre a líder comunitária e a associação de moradores que buscava a mobilização de uma verba que atendesse a demanda de construção de uma academia de ginástica e uma quadra poliesportiva para as crianças da comunidade.

Outras queixas que fugiam ao escopo e área de atuação desta pesquisa também foram ouvidas – o sistema precário de provisão de água potável era uma reclamação recorrente que, invariavelmente, pontuava as entrevistas. Muitas mulheres, embora quisessem emagrecer e relatassem optar caminhar para o trabalho, em vez de utilizar a condução e saltar no ponto referente aos seus empregos, reclamavam do incômodo e do quão exaustivo era ter de subir até o cume do morro, com lata d'água na cabeça.

Doutora, é um inferno ter que subir essa escadaria várias vezes depois de um dia inteiro de trabalho – as varizes gritam quando deito na cama pra dormir. Subo para lavar a roupa, depois novamente se quiser lavar as panelas e domingo então, que é dia de faxina em casa, subo umas quatro vezes. Já viu a escada que leva pra bica lá de cima? (apontando para os degraus incrivelmente altos e irregulares que formavam a subida íngreme e sinuosa até o reservatório, cuja água não chega na casa dos moradores por falta de encanamento adequado). *Tô só esperando o tal do bondinho que o governador prometeu para a favela aqui do lado, nem precisava levar a gente, bastava os baldes* (Valquíria, 38 anos, doméstica).

Um pouco sobre as entrevistas: público x privado?
Da visibilidade social

Conforme disse anteriormente, minhas entrevistas foram feitas em casas, academias de ginástica ou associações de moradores, dependendo da comunidade.

No caso da primeira comunidade pesquisada, o ponto de partida para as minhas entrevistas deu-se no bar do "Seu Nervoso". Com relação ao nome do estabelecimento, o apelido foi dado jocosamente pelos moradores, pois quando está na hora de fechar e algum cliente inconveniente oferece resistência em sair, o dono dá vários tiros para o alto e todos vão imediatamente embora.

Bar do "Seu Nervoso":
o QG de uma das comunidades visitadas.

Foi neste mesmo espaço que as primeiras incursões pelo campo ocorreram, como ponto estratégico para que eu fosse, aos poucos, sendo introduzida aos moradores, antes de ser convidada a entrar na casa das entrevistadas. Portanto, posso afirmar que esta pesquisa teve início quando da minha familiarização sobre as formas de sociabilidade e passatempos preferidos que compunham a maneira como utilizavam o tempo de relaxamento e lazer. Todas as atividades tinham de alguma forma como ponto de partida o referido bar.

Dessa forma, sentada à mesa do bar, observando muitas daquelas que seriam minhas entrevistadas, participei de rodadas de chope, sinuca "só para mulheres", partidinhas de buraco, karaokê e até mesmo a de uma apresentação inédita do primeiro cd de *funk* que uma das moradoras lançaria em poucas semanas nos bailes das comunidades vizinhas.

Diferentemente do que ocorreu nas outras comunidades, nas quais após algumas explanações me foi franqueado o acesso para desenvolver a minha pesquisa, no caso desta comunidade demorou um pouco mais para que as mulheres identificassem em mim uma figura conhecida e confiável, e para que eu pudesse me enfronhar na realidade de suas vidas.

Embora credite isso, parcialmente, ao fato de ser uma favela de dimensões bem menores, na qual não existiam numerosas academias, centros comunitários e uma movimentação intensa que permitisse certa indistinção do público que circula, creio que cada comunidade tem seu tempo de interação e absorção de qualquer evento novo. Não seria diferente em relação à minha presença.

Mal comparando, sentia como se as comunidades maiores fossem mais cosmopolitas em comparação com a de menor tamanho e densidade demográfica e que, de alguma forma, o comportamento adotado pudesse ser comparado àquele encontrado em cidades do interior.

No tocante às entrevistas realizadas na moradia das entrevistadas, notei uma das diferenças mais marcantes deste estudo contrastivo: nenhuma de minhas entrevistas realizadas na pesquisa anterior teve como cenário a própria casa da entrevistada. Eram escolhidos ambientes neutros que visavam resguardar a intimidade da participante, primando pelo seu conforto, comodidade e, sobretudo, evitando uma exposição compreendida como constrangedora.

Quero dizer com isso que grande parte de minhas entrevistas foi respondida pelo telefone, num horário previamente agendado com a entrevistada, ou então usando o auxílio de tecnologias como o *e-mail* ou o celular. No caso dos encontros presenciais, a opção das mulheres das classes médias e altas eram os cafés, livrarias, salas de espera de médicos, cirurgiões ou então espaços de sociabilidade presentes nas academias de ginástica, como *lounges*, *spas*, espaços de relaxamento e bem-estar.

No caso das mulheres moradoras de comunidades pobres, embora houvesse um constrangimento inicial, causado, a meu juízo, pela diferença de classes, percebi uma receptividade bastante calorosa, que deixava clara a importância da visibilidade que imaginavam conseguir através da participação nesta pesquisa. O espaço da entrevista, além de confessional, também era aproveitado para denúncias, reclamações de assuntos concernentes ao cotidiano das favelas, mas que, muitas vezes, fugiam ao escopo do tema abordado.

O prazer da exposição.

Nas comunidades pesquisadas, quando as entrevistas eram feitas em casa aconteciam em meio à rotina doméstica, ou seja, ao mesmo tempo em que respondiam ao roteiro de perguntas, as entrevistadas faziam faxina, davam bronca nos filhos, cozinhavam, convidavam-me a participar das refeições, abriam seus armários e desfilavam seus modelos preferidos. Acima de tudo, o tempo, um luxo do qual não dispunham, era compartilhado de forma descontraída e bem mais relaxada. Essas mulheres me pareciam desvelar sua intimidade com bastante naturalidade, uma vez quebrada a barreira inicial da desconfiança.

Comparadas ao primeiro grupo, que mostrava aparente naturalidade ao serem abordadas e talvez por isso sentiam-se à vontade para impor tantas condições para o acontecimento da entrevista, as mulheres do segundo grupo me convocavam a viver um pouco da sua realidade e intimidade, sem restrições! Armários abertos, convites para ir ao forró, baile *funk*, tomar cerveja na birosca, participar de churrascos na laje e feijoadas de domingo compunham todo um universo que, posteriormente, me evocou inúmeras sensações e colocou em relevo as distinções entre os campos.

Oferecer o espaço da própria casa foi por mim interpretado, salvo o imperioso dado de realidade que evidencia a escassez de espaços de sociabilidade em comunidades carentes, como uma retribuição à escuta das histórias de vida reveladas. Uma moeda de troca estabelecida da seguinte forma: minhas entrevistadas voluntariavam a participação nesta pesquisa e eu, em contrapartida, lhes proporcionava um espaço de escuta atenta e sensível.

Beleza é artigo de primeira necessidade

Além de apreciarem serem ouvidas, essas mulheres perguntavam-me reiteradas vezes se eu não poderia filmá-las. Muitas vezes, sugeriam poses usando peças do próprio vestuário que desejavam mostrar, o que, em minha percepção, parecia apontar para um desejo de exibirem-se mais bonitas, sensuais, ou seja, fora do estereótipo da mulher pobre e desleixada. Cosméticos e perfumaria eram igualmente apresentados junto às miudezas que constavam em cristaleiras herdadas da patroa e fotos da família em ocasiões importantes, tais como a festa de quinze anos de uma sobrinha ou o batizado dos filhos.

Poderíamos assim ressaltar que para grande parte dessas mulheres é fundamental poderem ser vistas como sujeitos de desejo e não apenas de necessidades.

Abaixo transcrevo uma fala pelo destaque que creio ser importante observar:

Até a minha empregada entrou na fila de um hospital público para ver se consegue levantar as pálpebras e fazer um lifting facial. Eu digo para ela – o seu salário vai quase todo pelo ralo com esses produtos de beleza da Avon que você compra, mas ela nem liga e ainda saiu com esta pérola de que beleza é artigo de primeira necessidade (Ângela, 53, fotógrafa).

Diante do comentário preconceituoso que, infelizmente, encontra eco com bastante frequência, aparentemente a patroa desconhece que a beleza não é anseio apenas das *madames*.

Dentro dos guarda-roupas reinavam produtos da Avon, Natura, Contém 1 Grama e de O Boticário. Diga-se de passagem, nossas entrevistadas, em sua grande maioria, tinham como fonte secundária de renda a venda dos referidos produtos. Ao contrário das mulheres de classe média que guardavam cremes, hidratantes e maquiagem na bancada/pia do banheiro, essas mulheres não dispunham de espaço do banheiro somente para si.

Há sempre um cantinho para a beleza.

Sobre o fato das classes populares gastarem um percentual cada vez mais expressivo do salário em produtos ligados à cosmética e perfumaria, a economista Ruth Dweck (1999) já nos alertou em um artigo cujo tema trata da beleza como variável econômica e de que forma ela afeta o mercado de trabalho e de bens de serviço.

De acordo com os dados da pesquisa referida acima, 44% da população feminina gasta 20% do seu salário em bens de serviço ou produtos relacionados a esta indústria, sendo o percentual do salário ainda maior quando consideradas as mulheres de extração social mais baixa e com salários proporcionalmente menores. Em relação às cirurgias plásticas, desde a estabilização da moeda, com o Plano Real, em 1994, a procura tem aumentado 30% a cada ano.

Faço aqui referência aos resultados de uma pesquisa da qual participei em sua etapa final. Trata-se de um estudo comparativo entre diferentes faixas etárias, pautado no comportamento feminino e seus respectivos hábitos de consumo doméstico de produtos de higiene, cuidado pessoal e beleza. O segmento estudado era de mulheres pertencentes às camadas mais altas.

Organizado pela Cátedra L'oreal de Comportamento do Consumidor, tal estudo resultou numa coletânea de artigos intitulada *O tempo da beleza: consumo, comportamento feminino, novos olhares* (NOVAES, 2008a).

O resultado dessa pesquisa mostrou que, apesar da profusão de produtos expostos nas bancadas, armários e prateleiras, as entrevistadas priorizavam mesmo os cuidados com os cabelos, utilizando fundamentalmente produtos que prometessem o alisamento e a contenção do volume das madeixas. Vale dizer que as mulheres pobres também me relatavam separar religiosamente o dinheiro para tratar o cabelo no salão – cabelos e unhas deveriam estar impecavelmente feitos:

Todo início de mês é a mesma coisa, eu separo uma parte do meu salário para cuidar de mim. Só não tiro se estiver miserável, ainda assim tenho um trato com a dona do salão para deixar pendurado quando tô sem dinheiro. Quando isso acontece, eu me viro e faço uns bicos. Faço muito crediário para não ficar tão pesado e poder sobrar dinheiro pra me cuidar. Coloco unha de porcelana, é mais caro, mas aí só preciso tirar quando a unha cresce muito para fazer a manutenção. Já usei interlace, mas hoje em dia dou relaxamento todo mês e mantenho ele preso. Pro baile dou um trato, porque gosto dele solto, é bom para a autoestima da gente, mas tem que cuidar muito, pois cabelo de nêgo é que nem bandido: quando tá solto tá armado! Tô juntando uma grana todo mês para ver se consigo ir no Beleza Natural (salão especializado no tratamento de cabelos crespos) *dar um jeito definitivo no cabelo* (Marilza, 38 anos, acompanhante de idosos).

Segundo Del Priore, desde o nosso passado, os cabelos femininos são altamente valorizados. Citando Pero Vaz de Caminha, a autora destaca "as moças bem moças e gentis, com cabelos muito pretos compridos pelas espáduas" (2009, p. 10).

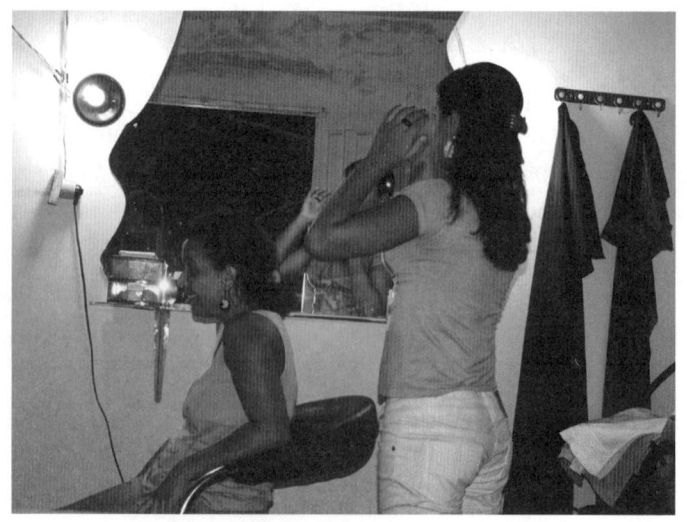

Cabelos: um investimento valorizado.

Acho que a progressiva foi a maior invenção do século. Agora não preciso sair correndo da praia pro cabeleireiro ou pior: quando tem festa não poder malhar, perder um sábado de sol ou então ter que ficar embaixo da barraca porque se cair no mar a escova vence. Você gasta uma grana, não interessa se é japonesa, marroquina, de chocolate, com formol, sem ou definitiva, para deixar de ser crespa a gente sofre e paga caro, mas o resultado compensa e é imediato (Renata, 28 anos, webdesigner).

Embora o estudo tenha sido realizado com mulheres de classe média e alta, parece que o ideal de branqueamento perpassa todos os segmentos da população brasileira. Isto, contudo, tem repercussões distintas dependendo da cor de nossas entrevistadas. Segundo Vilhena,

A violência à qual o negro no Brasil sempre esteve submetido não é apenas a da força bruta. A violência racista do branco é exercida, antes de tudo, pela impiedosa tendência a destruir a identidade do sujeito negro. Este, através da internalização forçada e brutal dos valores e ideais do branco, é obrigado a adotar para si modelos incompatíveis com seu próprio corpo – o fetiche do branco, da brancura. Citemos como exemplos banais: o cabelo liso e o nariz fino (2007, p. 393).

Outro aspecto importante referente aos padrões de consumo é a preferência da mulher brasileira pela compra de produtos que prometem efeito imediato, ou seja, segundo as coordenadoras da pesquisa, ao contrário do que ocorre com a mulher europeia ou americana, nossas escolhas são pautadas através de propagandas que simulam efeitos milagrosos: não temos paciência para esperar e investir em projetos de longo prazo.

Meu universo particular... "pobre também lê".

Mas voltemos às comunidades. Assim como o armário, o quarto, território geralmente sagrado e privado, no qual jamais fui convidada a entrar em minha primeira pesquisa de campo, não possuía uma valoração diferenciada do resto da casa. Vale dizer que grande parte das moradias visitadas limitava-se a, no máximo, três cômodos.

Em seu relato de campo, Casotti, Suarez & Campos (2008) revelam que, ao entrar no banheiro de suas entrevistadas, percebiam haver uma preocupação em mostrar produtos que não fossem nobres (leia-se, de marcas caras). No caso desta pesquisa, as entrevistadas abriam seus armários sem qualquer pudor ou vergonha.

Dali, além dos produtos ligados aos cuidados da beleza, saíam também bilhetes de conteúdo amoroso, cartas de familiares que se encontravam longe, fotos de celebridades recortadas de revistas de fofoca, dinheiro poupado para a eventual realização de algum projeto pessoal, tal como a compra da casa própria, obras de melhoria na casa, presentes para os filhos ou a tão sonhada viagem para visitar e ajudar financeiramente os parentes que permaneceram distantes geograficamente.

Não devemos deixar de mencionar a presença da Bíblia, com salmos e versículos escolhidos durante o culto evangélico. E, finalmente, letras de música de rádio (sertaneja ou pagode) apresentadas como uma "poesia bonita" que gostariam de me mostrar. Moto contínuo, pegavam o pedaço de papel no qual constavam os versos e começavam a cantarolar – cantando, me contavam suas histórias.

Falar e ser ouvida: um desvio metodológico

Ao abrirem as portas de suas casas, minhas entrevistadas demonstravam claramente não restringirem suas respostas ao roteiro de perguntas. Essa mistura indiscriminada de declarações e conteúdos pareceu-me espelhar o campo pesquisado, conforme veremos a seguir. Uma multiplicidade de estímulos e muito burburinho de fundo. Quer fosse o rádio alto do vizinho tocando pagode ou *funk*, preferências locais, ou a comadre batendo na porta, pois soube, através de terceiros, que ali algo de inusitado acontecia.

"No morro a notícia corre rápido, tem X-9 pra tudo que é lado", me disse certa vez uma das mulheres que entrevistei, referindo-se à velocidade com que a informação circula nessas localidades. Tal fato pareceu-me estar ancorado numa estratégia de sobrevivência, criada por uma população acostumada a viver num ambiente tenso e perigoso, caracterizado ao mesmo tempo pela solidariedade.

Nas comunidades, as pessoas compartilham emoções e festividades, numa rede de solidariedade que viabiliza a existência de todos.
Nas palavras de nossa entrevistada:

Também não podia ser diferente, pro bem e pro mal. Vai se acostumando, privacidade é no asfalto, na comunidade tudo acontece junto, é a maior mistura. Você tem que ficar ligada, pois tudo acontece rápido, as coisas mudam de uma hora pra outra. A gente sofre e comemora junto. Se não for assim ninguém sobrevive. Nêgo tem que ter olho nas costas, senão já era. Da patricinha que subiu no morro pra fazer um trabalho pra faculdade, até coisa séria – quando a chapa esquenta e o bicho pega, entendeu? Nêgo sai falando, tudo aqui vira notícia na mão de X-9 que fica entocado, nada passa batido. Pro bem e pro mal, conforme eu te disse (Nilde, 34 anos, garçonete do bar do "Seu Nervoso").

A presença do "X-9" mencionado pela entrevistada traz à tona não somente estratégias de sobrevivência e convivência. É importante ressaltar mecanismos de poder e a forma como o mesmo incide na população que vive e circula nessas localidades. Através do controle da informação, os senhores do morro tomam conhecimento, inclusive, da presença dos pesquisadores.

Cabe aqui um comentário adicional. Em duas das comunidades pesquisadas tive de retornar para refazer algumas fotos e solicitar alguns termos de consentimento para divulgação de imagem que ainda restavam ser assinados. A mudança que percebi em uma delas foi radical. Em minha primeira visita, ainda que houvesse conhecimento das "autoridades", estas me passaram despercebidas.

Mas quando retornei, apesar de acompanhada por meus interlocutores, fui escoltada por jovens que carregavam ostensivamente armas de grande porte. Nenhuma hostilidade, mas a evidência de quem detinha o controle. Minha máquina foi examinada, todas as fotografias checadas – felizmente não havia apagado nenhuma das anteriores. Tudo "aprovado", retomei a sessão de fotos. Em meio à algazarra, muita hospitalidade e alegria, as mulheres me mostravam, novamente, seus armários, suas roupas, seus lugares e programas prediletos.

De repente, toca meu celular – era a responsável por um programa de TV que havia agendado uma ida minha e que desejava fazer algumas perguntas preliminares. Devido ao ruído, afastei-me um pouco, não só para poder ouvi-la, como para ser mais bem escutada. Imediatamente fui rodeada pelos mesmos jovens que me haviam escoltado – agora a desconfiança era nítida e a ameaça clara: a associação "fotografia, celular e entrevista" disparou o sinal de perigo.

Não fosse a hábil intermediação de uma das mulheres da comunidade, que demandou silêncio enquanto meus "potenciais inimigos" ouviam a entrevista inteira e certificavam-se de que era exatamente sobre a pesquisa que eu falava, penso que o destino seria outro. Curiosamente, após verificarem do que se tratava, ainda que ali permanecessem com suas armas, os jovens retornaram às conversas e jogos como se nada houvesse passado. Como se aquilo fosse muito normal: dar uma entrevista pelo celular tendo como paisagem seis jovens portando armas de alto calibre.

Mas o grave é que isso é o normal, faz parte do cotidiano das comunidades e certamente delineia um tipo de sociabilidade.

Em sua tese de doutorado *Textura áspera: confinamento, sociabilidade e violência em favelas cariocas*, um interessante trabalho, realizado em cinco favelas do Rio de Janeiro, sobre as origens históricas da privatização e intimização da vida e da cidade contemporânea, Maria Helena Zamora estudou as relações sociais que regem e medeiam esses domínios. Reproduzo, abaixo, uma passagem da tese que considero pertinente para essa discussão. Trata-se da descrição de campo da autora:

> Ao entrarmos numa favela, nossa presença já é conhecida dos traficantes. Nas favelas horizontais, dispõem-se em todos os lados, inclusive nas entradas. Nas verticais, situam-se em um ponto alto e central, à maneira do panóptico descrito por Foucault, sempre em uma entrada do lugar. Podem estar em outros pontos do morro também, mas decerto estão encastelados no alto. Do alto, veem tudo, sabem de tudo, conhecem tudo e todos. Os "olheiros" (observadores a serviço do tráfico) avisam da presença de desconhecidos, que são acompanhados disfarçada ou implicitamente, pois podem ser consumidores em busca de maconha ou cocaína, policiais ou os odiados X-9 (informantes da polícia) ou alguém visitando moradores (ZAMORA, 1999, p. 158).

Ao contrário das mulheres de classe média, as das comunidades pesquisadas partilhavam sua intimidade demonstrando confiança.

Após esse pequeno desvio, voltemos ao mote inicial de nossa discussão: a distinção no tocante à privacidade quando contrastamos a favela e o asfalto.

Confirmando o nosso argumento, mais uma fala que ilustra a mistura da qual nos falou Nilde. Além de complementar o primeiro depoimento, o discurso que apresentaremos a seguir traz o desvelamento e a liberalidade, também espelhados nos padrões vestimentares e nos usos do corpo – foco deste estudo. De pé, parada na porta de casa, apontando para o próprio corpo, a entrevistada me recebe dizendo:

> *Pode entrar, a casa está uma bagunça, o Robson está assistindo futebol aqui na sala, mas a entrevista não é sobre corpo, beleza, essas coisas?... Então, vai entrando,* isso aqui é um corpo de portas abertas (Josimar, 25 anos, cantora de forró).

Pode entrar! Isto é um corpo de portas abertas.

As diferenças mencionadas em relação aos dois grupos nos levam a outra reflexão, que diz respeito à própria noção de público, privado, continuidade, tempo e espaço vivenciados de forma completamente distinta entre os dois segmentos abordados.

Tal fato redundou em uma adaptação da metodologia empregada anteriormente. Notou-se, no primeiro grupo, que a abordagem de determinados temas presentes no roteiro de entrevistas parecia causar certo sentimento de vergonha. Esse foi o caso das perguntas que cotejavam questões referentes à sexualidade e aos usos do corpo, o que explicaria em grande medida a minha motivação para dar início a este estudo de campo.

Se, por um lado, a análise do discurso de mulheres obesas deixou aparecer de forma contundente o peso da exclusão social causado pelo preconceito em relação à gordura, por outro, o discurso das frequentadoras de academias de ginástica e clínicas particulares de cirurgia plástica, minhas primeiras entrevistadas, atrelavam a vaidade à necessidade de estar bem consigo mesmas, em uma postura que facilmente poderia ser classificada de individualista. Enquanto isso, as mulheres das comunidades e dos hospitais públicos[9] relacionavam seus rituais de beleza, bem como as intervenções corporais que sofriam, ao desejo de manterem-se atraentes para os homens em geral.

Assim, veio à tona a questão do desejo e da captura do olhar como forma de manutenção da posição de objeto de desejo do outro. Em última análise, poderíamos dizer que emergem os primeiros contornos de um discurso que aponta para uma sexualidade mais liberta, na qual são engendrados o uso que fazemos das práticas corporais de embelezamento e a regulação social inerente à construção desses dispositivos – eis o mote desta investigação: para quê e para quem construímos um corpo, o

---

9 Ver Novaes (2006a).

nosso corpo. Como bem aponta Medeiros (op. cit., p. 13), a estética assume uma função que atende a dois propósitos: mitigar a angústia diante do vazio e consubstanciar o objeto do desejo.

Táticas e estratégias

> *Fui outro dia no posto* (de saúde) *porque já tava há uns dias com muita dor de cabeça e meu cunhado disse que podia ser pressão alta. O médico disse que preciso perder vinte quilos e que devo fazer exercício regularmente antes de ir pro serviço. Agora veja bem: falei pra ele que sei que estou gorda, nem precisava ir lá pra ouvir isso, bastava assistir a novela da Globo ou da Record. Falei também que tá faltando água aqui na comunidade e que por isso já tinha que subir umas três vezes por dia essa escadaria toda. Ele me disse que de nada adiantava subir isso tudo e comer angu com torresmo no fim de semana e macarrão com biscoito de maisena no trabalho. Aqui no morro não tem academia, o que salva é o sacolão* (fazendo menção aos legumes e verduras vendidos dentro de uma Kombi que fica parada, certo dia da semana, em frente à entrada principal da comunidade). *Na Rocinha e no Rio das Pedras já tem! Então o que eu faço é subir na laje pra estender a roupa de pouquinho em pouquinho, pra subir mais vezes. Antes eu esperava acumular um bolo grande de roupa e subia uma vez só. Agora, qualquer cuequinha do meu marido e top da Jéssica* (referindo-se à filha) *eu já subo pra estender* (Adrianne, 45 anos, babá).

Outra entrevistada nos mostrou como o discurso do culto ao corpo é democrático, ainda que os resultados não o sejam. No trecho a seguir, a jovem deixa claro o quão enredada estava diante da profusão de imagens de belos corpos, mostrando submeter-se a um imenso sacrifício em nome da beleza – mesmo depois de um dia exaustivo de trabalho:

Vou te falar, quando o trampo é brabo, nos dias de três faxinas em casas diferentes, chega a dar um desânimo pra malhar. Vou no ônibus pensando na pilha de roupa que tenho pra lavar quando chegar em casa e mais a merenda dos meninos pra preparar, mas aí vou olhando as fotos daquelas "mulheres capa de revista" pelo caminho e penso: pô, tenho que tá gostosa pro baile de sábado e pra praia do domingão – quero pegar muuuuito! Aí então, nem passo em casa, já vou direto pra academia puxar uns ferros, pois no morro homem gosta de mulher reforçada (Lidiane, 24 anos, faxineira e empregada doméstica).

Ainda que muitas das entrevistadas reconheçam o esforço que significa malhar (sobretudo após fazer a faxina de três casas), é interessante observar por que e para quem elas malham.

Malho para mim, para me sentir bem. Quando como, não malho e fico em casa sem gastar, me sinto culpada (Betina, 22 anos, estudante universitária de Psicologia).

Aqui na comunidade não tem academia, então a série que eu faço é na laje mesmo, quando chego do serviço. Copiei de uma revista que tem na sala de espera do consultório onde eu trabalho. Os pesos o meu cunhado improvisou com cabo de vassoura e lata de Suvinil e o step são dois tijolos que subo e desço em três séries de dez – tchutchuca que se preze tem que ser popozuda (Maria Aparecida, 29 anos, secretária de consultório dentário).

Se o discurso do corpo atinge a todas, é interessante notar que no segundo grupo a beleza não está associada à magreza e sim à fartura ou a curvas bem delineadas – vide exemplo dado pelas entrevistadas fazendo alusão às mulheres reforçadas e popozudas, em referência clara a uma silhueta mais curvilínea.

Já nas camadas altas, basta lembrar a célebre frase proferida pela apresentadora de televisão Adriane Galisteu, 34 anos na época, a um famoso programa de entrevistas: "quando sou chamada de gostosa já sei que é preciso fechar a boca."

Nesse contexto, não é correto interpretar a gordura como a forma mais representativa de feiura. Logo, ser chamada de *gostosa* é algo almejado por essas mulheres, pois as coloca na posição de objeto de desejo. Mais ainda, sem defender a obesidade, naquelas mulheres contrárias aos ideais de magreza, os parâmetros estéticos estão estreitamente vinculados à sexualidade.

Espelho, espelho meu: alguém se divertirá mais no baile do que eu?

Há uma extrema diferença quando as classes sociais são contrapostas. Na primeira pesquisa, quando indagadas sobre qual o programa favorito, a maioria citou sair para jantar, estar com amigos, ir a uma festa, seduzir todo mundo e não ficar com ninguém e outras respostas sem nenhuma referência à sexualidade. Isto me levou, na ocasião, a jocosamente afirmar que "pelo menos as histéricas de Freud podiam comer chocolate". Claro está que o fator econômico não pode nem deve ser ignorado, mas o inconsciente também não. Como veremos adiante, o grande temor parece ser a ausência de carnes, o que levanta suspeita sobre a carência e a falta de prosperidade, onde haveria, aí sim, a ausência de desejo.

Exemplos como Ivete Sangalo, Vivianne Araújo, Juliana Paes e Mulher Melancia foram citados como modelos de beleza a serem seguidos, pelo volume das coxas, corpão violão, cinturinha fina, quadris largos e glúteos avantajados. Nada de "mulher cabide", como se referiam ao modelo estético almejado pelas camadas mais abastadas.

Em vez de Giseles e Madonnas, que simbolizam a personificação do que chamamos de tríplice aliança – seca, sarada e definida (NOVAES, 2006a) –, o ideal defendido era o corpo torneado e tonificado sem, no entanto, perder suas curvas. Ao contrário da androginia, a exaltação da diferença anatômica entre os gêneros. Homens fortes e mulheres *deliciosas*, prontas para serem devoradas, para ser fiel ao termo que surgia de forma recorrente nesta segunda pesquisa.

Malho pra ficar gostosa, pois no baile, colega, neguinho só quer filé![10]
(Kauanne, 23 anos, doméstica).

---

10 Gíria local utilizada para designar mulher bonita ou bastante atraente.

Hoje em dia o corpo da moda é fat free *ou então, como costumamos dizer no mundo da moda, mulher frango: muito peito e baixíssimo percentual de gordura* (Cecília, 34 anos, *personal stylist*).

"Pronta para o crime"!

Desta vez, nossas entrevistadas nos informam sobre as escolhas dos homens para os quais se arrumam. Um bom prato de filé, recheado de gordura, lhes parece bem mais apetitoso e convidativo quando comparado a um frango *light*.

É importante ressaltar que o chamado "recrutamento" das entrevistadas era bastante facilitado nas comunidades que apresentavam reproduções bem acabadas e criativas das academias de ginástica do asfalto. Isto porque esses ambientes exibiam, naturalmente, uma concentração de pessoas insatisfeitas com a própria aparência e que desejavam aprimorá-la através da prática corporal da ginástica.

No tocante a esses espaços, diferentemente do que observei em pesquisa anterior (NOVAES, 2004), não houve qualquer constrangimento, pudor ou intenção de ocultar o uso de substâncias ilícitas.[11] Quando comparadas às mulheres de outros extratos sociais, as moradoras das comunidades pareciam não ter consciência dos riscos aos quais se submetiam pela prática de exercícios físicos mal orientados por profissionais pouco qualificados e inexperientes.

E aí retomamos um pouco Boltanski, quando este nos fala da distância do saber médico e das práticas nas camadas populares. Mas a indagação permanece. Certamente não é por falta de informação acerca dos riscos envolvidos que os frequentadores das melhores academias de ginástica da zona sul tomam "bombas", "*fat burners*" e todo tipo de complemento sem qualquer comprovação científica de eficácia.

Há aí um mimetismo, adequado às condições financeiras, que franqueia a essas mulheres os milagres dos *shakes*, pílulas e aparelhos tão bem anunciados nas diferentes mídias.

> *Comprei com o professor da academia, por quatorze reais, este shake que dura duas semanas. Preciso perder quatro quilos, foi o que ele disse. Você toma esse negócio de manhã e na hora de dormir ainda tá com aquele troço pesando na barriga. Fico pensando como é que pode, parece que eu comi um boi, porque eu faço faxina o dia inteiro, em duas e às vezes até em três casas por dia, quando surge um biscate. Reparei que ando com a maior disposição, esse treco dá o maior gás. Antes de tomar me sentia cansada pra malhar depois do trabalho, agora malho pesado. Quero ficar com um corpão, gostosa, porque não gosto de mulher seca. Tô malhando pra ficar com as coxas da Vivianne Araújo* (Silvanna, 28 anos, faxineira).

---

11 Medicamentos proibidos pela ANVISA e que não tinham eficácia comprovada ou, ao contrário, que se provaram ineficientes no seu propósito.

Fala sério, esse pozinho é sinistro, foi o professor lá da academia que me deu e o cara é o maior Rambo, podia até fazer filme pornô, pois tudo nele é grande! Nos meninos lá da comunidade ele mesmo faz o ciclo e dá as injeções de bomba, porque durante o dia trabalha numa farmácia. Pra gente ele receita um treco que parece xarope pra tomar uma colher antes de malhar – ele diz que é pra queimar mais rápido a gordura. Depois me indicou um chá sete ervas, só que aí não rolou, porque dava a maior dor de barriga e eu não conseguia malhar por causa da cólica (Daphiny, 32 anos, operadora de telemarketing).

Se as falas acima podemos creditar ao desconhecimento, como interpretar o discurso de minhas entrevistadas anteriores?

Usar todo mundo usa, mas na minha academia e entre os meus amigos, ninguém admite, até porque a gente sabe que faz mal. O problema são as atrizes da Globo, todas com aquele corpaço, sequinhas e saradas, dizendo que mantêm a boa forma apenas com uma leve caminhada no calçadão e um copo d'água em jejum. Aí é o fim né! (Ana, 48 anos, advogada).

Nota-se, contudo, no caso das mulheres das classes médias e altas, que apesar da dimensão do risco existir em decorrência de serem detentoras de um maior capital cultural, grau de escolaridade etc., ele é banalizado em função da adesão maciça ao discurso médico. Contrariando a proposição de Boltanski (op. cit.), enquanto as primeiras viravam reféns do discurso médico, eram justamente as mulheres mais carentes que buscavam linhas de fuga a esse discurso, que frequentemente oculta determinadas informações e desacredita o saber popular.

Comparemos as falas:

Os médicos justificam a falta de informação dizendo que se falar muito a respeito da cirurgia, esmiuçando os detalhes técnicos, o paciente desiste do procedimento. Eu concordo, se soubesse como é doloroso o pós-operatório não teria tido coragem. Por isso, quando perguntamos na consulta como será a recuperação, eles dizem que é tudo simples, rápido e descomplicado. Costumo dizer que o que vendem nas clínicas particulares é uma espécie de cirurgia take away *– você vai, se interna na hora do almoço, toma uma anestesia local e à noite já vai para casa* (Isabel, 36 anos, *webdesigner*).

Lá no hospital, os residentes do ambulatório não sabiam, mas para otimizar os resultados do pós-operatório, sugeria uns emplastros e uns cremes que a minha avó, que era índia, costumava usar (Lucilenne, 58 anos, assistente de enfermagem. In: NOVAES, 2004).

"Eu sei que vou morrer mais cedo, mas tudo bem: até lá eu vivo magra", nos fala L., 53 anos, professora universitária, acerca das bombas, anfetaminas e *fat burners* que toma em sua academia.

Atualmente, apenas alguns bulimígenos, como Orlistat, Xenical e similares, enquadrados como medicações desabsortivas, não são proibidos. Entretanto, a sua comercialização está restrita aos casos em que haja prescrição médica, e sua venda está condicionada à retenção de receita. Tais drogas funcionam através da indução de diarreia gerada pela intolerância ao alto teor de gordura presente em determinados alimentos. Com isso, logram reduzir em cerca de 30% a quantidade de gordura absorvida pelo organismo.

Substâncias como a sibutramina, presente em medicações como Reductil, Meridia e Plenty, são recomendadas em casos de obesidade e sobrepeso. Sua venda é controlada pela Portaria SVS/MS 344, de 1998, com retenção de receita, estando classificada como substância sujeita a controle especial, não sendo necessária a emissão de "Guia de Retirada de Substâncias/

Medicamentos Entorpecentes ou que determinem Dependência Física ou Psíquica". A sibutramina não está classificada pela ANVISA como uma substância psicotrópica anorexígena, como a anfepramona ou femproporex.

Curiosamente o Brasil lidera o ranking mundial no consumo de anorexígenos[12] (inibidores de apetite) e possui estatísticas alarmantes em relação à obesidade, com índices de crescimento preocupantes especialmente no tocante à obesidade infantil.

Atualmente, no Brasil, estima-se que o percentual de obesos[13] gire em torno de 15% da população e o de pessoas com sobrepeso já some algo entre 25 e 30%.[14] Ou seja, juntas, essas categorias correspondem a 45% da população brasileira, o que torna o Brasil o segundo no ranking mundial, perdendo apenas para os Estados Unidos, cuja população de obesos e de indivíduos com sobrepeso equivale a 65% do total da população.

---

12 Fonte: Relatório da Junta Internacional de Fiscalização de Entorpecentes (JIFE). De acordo com o relatório, no período entre 2002 e 2004, o Brasil registrou um consumo diário de 9,1 doses de anorexígenos por grupo de mil habitantes, superando o consumo de países como Estados Unidos (7,7 doses diárias por mil habitantes), Argentina (6,7 doses diárias por mil habitantes) e Coreia do Sul e Cingapura (ambos com 6,4 doses diárias por mil habitantes). Março, 2006. Disponível em: http://www.incb.org/incb/index.html
13 Sobrepeso é quando o Índice de Massa Corporal (IMC) está entre 25 e 30. Para que a pessoa seja considerada obesa, o IMC deve estar acima dos 30. O resultado é obtido pela divisão do peso pela altura ao quadrado. O IMC normal é o que aponta resultados entre 18 e 25.
14 Fonte: "Avaliação da função endotelial, da reatividade microvascular e do estresse oxidativo em pacientes com sobrepeso ou obesidade". Pesquisa realizada pelo LPM (Laboratório de Pesquisas em Microcirculação), LIB (Laboratório de Instrumentação Biomédica) e Nesa (Núcleo de Estudos da Saúde do Adolescente), todos vinculados à Universidade Estadual do Rio de Janeiro – UERJ e coordenados pela Profa. Dra. Eliete Bouskela com apoio da FAPERJ. Fevereiro de 2007. Disponível em: http://www.faperj.br/boletim_interna.phtml?obj_id=3441

Doutora, quando achava que tava gorda sempre ia à farmácia comprar Coscarque ou então um laxante do tipo Naturetti. Agora tá mais difícil, a vigilância tá enchendo o saco, tiraram do mercado esses produtos e o resto que tinha no estoque o dono da farmácia fica com medo, mas todo mundo aqui sabe onde compra sem receita esses remedinhos para emagrecer (Elaine, 42 anos, garçonete).

Corpo e sociabilidade

Um dos aspectos que mais distinguem as classes populares das camadas médias e altas no tocante à insatisfação com a imagem corporal refere-se às limitações impostas a este corpo fora do ideal estético da magreza.

Quando perguntadas como percebiam o próprio corpo, todas foram unânimes no reconhecimento da própria gordura e na importância de perder peso para a obtenção de uma vida saudável. Havia, no entanto, quando contrastada, uma percepção bastante distinta da gordura no imaginário social deste grupo, assim como em suas formas de sociabilidade.

Ou seja, não se tratava de falta de informação, pois, vivendo num centro urbano, eram da mesma forma maciçamente convocadas, pela cultura lipofóbica do risco e do consumo do corpo, a cuidarem da saúde e da aparência. Logo, sabiam dos fatores de comorbidade associados à obesidade.

Quando vou ao posto de saúde me consultar estou careca de saber que estou gorda e que não posso dar mole com a pressão e com o açúcar no sangue, pois tenho parentes cardíacos e com diabetes. O doutor me diz que preciso emagrecer e que é para eu comer frutas, legumes e verdura, mas como é que vou pagar se comida diet é coisa de rico e não vem na cesta básica?! É nessas coisas que os médicos não pensam antes de saírem esculachando (Selma, 43 anos, vendedora ambulante de doces caseiros).

A relação com o discurso dominante não parecia tão opressiva ou aprisionante, posto que não as impedia de usar este corpo de diversas formas, muito limitado no caso das mulheres de classe média.

Quando estou magra, tá tudo azul: saio com meus filhos, namoro, vou à praia, ao shopping e faço compras, mas quando engordo não saio, só vejo televisão. Namorar, nessas épocas, só de luz apagada (Diva, 43 anos, advogada).

Eu sei que estou gorda, mas nem por isso deixo de ir à praia, ao forró ou ao baile (funk). Meto meu uniforme: short, top e gorro e ouço gostosa em todas as quebradas que passo (Rose, 28 anos, garçonete).

Também a circulação por diferentes espaços da cidade não é limitada pela estética corporal, como nas entrevistadas anteriores.

Meus amigos reclamam que eu não vou à praia com eles, mas não vou me expor ao olhar de nojo e reprovação porque sei que eles recriminam qualquer quilinho a mais e detestam gordo (Lívia, 28 anos, fisioterapeuta).

Quem gosta de osso é rico, pobre gosta é de carne pra encher a cama e fartura pra encher a mesa, até porque já farta *tudo mesmo (erra propositalmente brincando com as palavras). Se tiver magrinho a vizinhança começa logo a achar que estamos passando necessidade* (Zélia, 58 anos, cozinheira).

Só a mulher magra tem direito de ser sexualizada, como eu gosto de sexo (aliás, a maioria dos gordinhos gosta, muito embora a sociedade feche os olhos para isso), tive que correr atrás do prejuízo, quer dizer, no meu caso, do excesso! Veja bem, se antigamente dizia-se que os homens escolhiam as mais gordinhas porque era isso que dava mais tesão: você conhece aquele ditado "pecado das carnes"? Hoje é dos ossos! (Ana, 35 anos, jornalista).

O que todas essas mulheres parecem estar dizendo é da importância do olhar do outro enquanto algo que me constitui como sujeito e influencia as formas de sociabilidade. Vemos então que a mulher, a despeito dos avanços reais que a história soube imprimir à sua imagem, permanece ligada à representação de uma corporeidade tão radical que a remete permanentemente à estranheza e à alteridade. Para Remaury (2000), se o homem sempre teve consciência de possuir um corpo, nós ainda não nos demos conta até que ponto a cultura destinou a mulher a ser um corpo – seu corpo.

A história das mulheres não pode ser desvinculada de uma busca pela normatização de seus corpos e de contorno de seus excessos. O livro de Nunes (1999), no qual infelizmente não poderemos nos deter, vai nos mostrar como, historicamente, a mulher foi esquadrinhada por todos os saberes, sobretudo o médico, e aprisionada no lugar do excesso.

Minha hipótese é que a gordura, tal como a percebemos em nossa sociedade, traz à tona todo o desmedido feminino que precisa, de qualquer forma, ser contido. Onde há risco da sexualidade se manifestar, instalam-se dispositivos de vigilância e de confissão e implantam-se imediatamente as bases de um regime médico-disciplinar.

O que mais me deprimia durante a minha adolescência e também o que me fez, ao longo da minha vida adulta, me recolher em casa deixando de ter uma vida social é o fato das pessoas acharem que os gordos não têm direito a uma vida amorosa. Sempre aconteceu das minhas amigas namorarem ou simplesmente ficarem quando saíamos para as festinhas e comigo era sempre a mesma coisa: sobrava, pois nenhum garoto queria ficar com gorda. Ao me verem junto com minhas amigas magras diziam: a gorda não rola, não pego, só se estiver no osso e mesmo assim escondido (Beatriz, 29 anos, médica).

Deus me livre, no dia que passar na rua e ninguém olhar e me chamar de gostosa é que o negócio não vai prestar. Enquanto estão olhando, tá bom (Gracyenne, 25 anos, recepcionista).

A relação com a sexualidade e os usos do corpo demonstrou ser contrastante entre as mulheres de diferentes classes. Retomo ao exemplo prototípico da resposta dada por Adriane Galisteu quando perguntada como sabia a hora certa de fechar a boca e manter a boa forma. A ex-modelo não titubeou e respondeu: "Se alguém me chamar de gostosa na rua, já sei que estou gorda."

Diversão de pobre é sexo, vê se a gente não trepa porque tá gordo... Aí não sobra nada mesmo! (Rosemary, 24 anos, cantora de uma banda de forró).

Quando estou magra me divirto, vou ao shopping com as amigas, namoro, vou à boate. Quando engordo, me tranco no quarto e apago a luz para não me ver horrorosa no espelho. Nessas épocas não gosto nem de ver meus filhos, namorado então nem pensar! (Dilma, 45 anos, ex-bailarina clássica).

O que vamos progressivamente observando é que a possibilidade, já tão reduzida, de diversão e prazer não se deixa comprometer pela aparência. Há aí também uma marcante diferença, como apontei anteriormente. Muda o padrão estético; não se trata, no entanto, de negar a gordura, mas sim de não aspirar à magreza total *"fat free"*, bem como de saber que a sexualidade passa por diferentes caminhos que não necessariamente a celulite. Uma verdadeira aula de psicanálise.

Sei que estou gorda, mas o nego (referindo-se ao marido) *comparece sem erro, não me dá sossego e me chama de gostosa* (Edmara, 40 anos, vendedora ambulante de quentinhas).

É o que eu sempre digo, se beleza não põe mesa, por que mulher gorda ninguém come? (Ana Christina, 37 anos, engenheira de uma estatal).

Atualmente, o pior de ser gordo é não ter opções de lingerie. Mulher gorda não pode se vestir de forma sensual, pois não é vista como gostosa e sim, grotesca, ridícula, risível e passível de ser alvo de piadas e não de desejo (Carla, 27 anos, cantora de ópera).

Passo o rodo geral quando vou ao baile. Sou que nem a Preta Gil,[15] *sou a mulher churrasco, aqui tem carne pra matar a fome de todo mundo!* (Laureanne, 23 anos, estudante de Enfermagem e recepcionista de uma clínica odontológica).

A entrevistada ri sozinha e complementa perguntando se conheço aquele ditado: "mulher gostosa é como melancia, ninguém come sozinho". Respondo que sim, sem conseguir, novamente, deixar de notar a intrínseca relação entre comida e sexualidade.

Ela finaliza o depoimento contando a opinião do seu namorado a respeito do assunto: "acho melhor dividir o meu filé, que comer osso sozinho".

---

15 Fazendo alusão a mais uma das declarações bombásticas que a filha do ex-ministro deu à imprensa comentando o ensaio fotográfico da Mulher Melancia na revista *Playboy*.

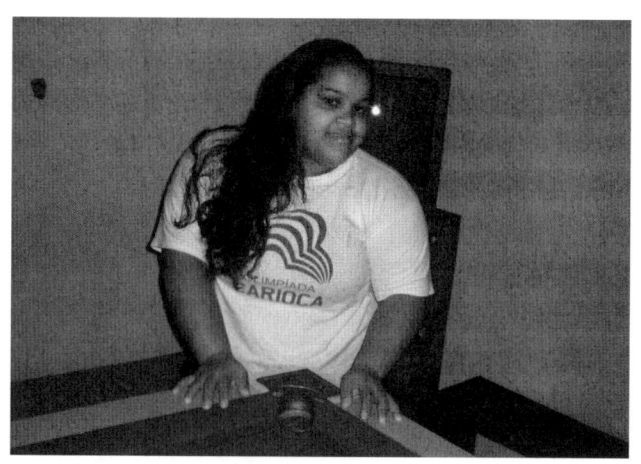

O pecado das carnes.

Rodin disse certa vez (apud ECO, 2004) que não era a beleza que faltava aos nossos olhos, mas estes é que falhariam em não percebê-la. Interessante pensar na feiura como uma "falha" do olhar. Parece que nossas entrevistadas não vivem no seu cotidiano a mesma "falha" que suas colegas de classes mais altas.

Para Freud, beleza e atração seriam atributos idênticos e referidos ao objeto do desejo sexual. Belo é o que atrai o olhar. Ora, se "beleza e atração são idênticos" e o sujeito feminino é aquele que se define por exercer a atração, então ser bela é uma condição e uma imposição para tal posição subjetiva. O escultor tem razão: não é a beleza que falta aos nossos olhos e sim o desejo que se ausenta de nosso olhar; é disso que nos falam nossas entrevistadas, situadas em posições subjetivas bastante distintas.

Quando uma gordinha se aventura a entrar numa boate ou andar pela rua com uma roupa sensual tem que fingir que não percebe os risinhos, os cochichos, ser alvo das pessoas apontando na rua, como se estivessem numa apresentação de circo, boquiabertas, onde são apresentadas a coisas exóticas, bizarras, aberrações da natureza. Se não tivesse acostumada a fingir que não percebo a reação das pessoas, viveria trancafiada dentro de casa e não sairia à rua para nada (Maria, 25 anos, engenheira).

Eu, hein! Imagina se vou cair nesta onda de modelo. Lá no beco ninguém ia nem ver eu passar (Walmira, 38 anos, telefonista).

Certamente, ter um corpo jovem e esguio poderá garantir mobilidade social, o que, obviamente, traria visibilidade – um dos valores essenciais na cultura do espetáculo e do consumo. Por essa razão, também não desconsideramos o corpo como um capital valioso no mercado de trabalho, lócus de investimento e moeda de troca para este grupo de mulheres.

Tampouco ignoramos ou desprezamos as estatísticas que nos informam a crescente incidência de transtornos alimentares nas classes populares. Como coordenadora de um núcleo[16] que oferece atendimento terapêutico à população de baixa renda com transtornos alimentares, constato diariamente a mudança no perfil dos pacientes acometidos pelas mesmas. Transtornos como anorexia e bulimia nervosa, que há poucas décadas eram definidos pela psiquiatria como quadros clínicos predominantemente característicos de países ricos, na contemporaneidade apresentam um crescimento exponencial nas camadas populares.

A melhor resposta a esse fenômeno pode ser ilustrada em duas situações bem marcadas. A primeira diz respeito ao convite que o Núcleo recebeu da Secretaria de Saúde Mental do

---

16 O Núcleo de Doenças da Beleza está integrado ao Laboratório Interdisciplinar de Pesquisa e Intervenção Social (LIPIS), um dos projetos sociais oferecidos pela Vice-reitoria Comunitária da PUC-Rio. Sua proposta contempla uma equipe multidisciplinar voltada para o atendimento de casos relacionados a transtornos alimentares (anorexia, bulimia, vigorexia, ortorexia, transtorno do comer compulsivo e obesidade), bem como para a emissão de laudos e o acompanhamento de sujeitos que têm indicação médica para realizar a gastroplastia redutora.

Estado, solicitando uma parceria na capacitação e treinamento de agentes de saúde dos CAPS de todo o Estado. O trabalho seria feito objetivando instrumentalizar os agentes de forma a adequar suas estratégias de atendimento à crescente demanda de pacientes com transtornos alimentares.

A segunda situação é a posição de destaque na categoria de saúde mental que o serviço recebeu do Prêmio Saúde 2007, concurso da editora Abril. Nesse mesmo ano, os organizadores escolheram como tema fundamental de pesquisa a obesidade. O objetivo era eleger os melhores centros acadêmicos (laboratórios, ambulatórios, clínicas, institutos, entre outros) com atividades clínicas, de ensino e pesquisa.

Vale ressaltar que um dos principais critérios de seleção dos serviços, além de exigir de seus participantes que estivessem vinculados à academia, era a sua dimensão social. O referido espaço deveria oferecer atendimento à população de baixa renda ou de alguma forma beneficiar esta população em suas pesquisas.

Ser magra não é para qualquer uma

É um grande paradoxo pensarmos que a obesidade constitui um dos maiores problemas de saúde pública do Brasil, pois o país até bem pouco tempo ocupava posição de destaque nos índices de desnutrição de sua população. Atualmente estamos nos tornando um país de obesos – um exemplo paradigmático é encontrado nas estatísticas que refletem os índices de obesidade infantil, que crescem cerca de 8% anualmente. Cada vez mais constatamos um corpo de classes – manter-se magro é para poucos, apesar da criatividade e do jeitinho!

Uma colega minha, que está uns dez quilos mais gorda que eu, tá conseguindo perder peso, pois dorme durante a semana na casa que trabalha como diarista, então consegue comer aquelas comidas de dieta da patroa. Em compensação o filho dela... bom, o moleque tá uma baleia. Fica difícil para ela comprar legumes e verdura – é muito caro. Aí soma o fato dela não ter como carregar o menino para o trabalho. Resultado, o garoto depois que chega da escola fica o dia inteiro enfurnado dentro de casa, assistindo televisão ou no computador da *lan house* comendo biscoito recheado. À noite, quando os irmãos chegam, tá todo mundo cansado e mandam ver no macarrão que é mais prático, pois é fácil, barato e rápido de fazer já que chega todo mundo exausto do trabalho. *Lá em casa é mais ou menos a mesma coisa com a pequena, só que as minhas mais velhas, que são vaidosas, gastam o salário em produto de beleza e o ticket refeição do mercado. A Jéssica outro dia inventou de comprar umas torradas integrais e gelatina diet. Quase dei na cara dela. Perguntei se ela achava que era possível fazer o churrasco de domingo com aquela porcaria ou dar gelatina pra neném ao invés de leite. Abusada, sabe o que ela respondeu: para eu colocar maisena no leite e fazer farofa de cream cracker. Eu respondi* que em casa de pobre ou todo mundo é gordo junto ou morre de fome junto *e que na minha casa ninguém vai passar fome porque ela inventou de mandar fita pro Big Brother – é tudo no coletivo. Tanto que dizem né: 'pobrema´ é coletivo de pobre. Depois até me arrependi, vai que a menina consegue uma vaguinha e a gente tirava o pé da lama* (Alcina, 42 anos, trocadora de ônibus).

Hoje me alimento dos elogios que recebo. Quando vou a festas e jantares faço uma opção – ou champagne ou comida (Heloisa, 45 anos, arquiteta).

Sem sombra de dúvida, quando decidimos investigar os hábitos alimentares nas classes populares uma tônica recorrente refere-se ao custo demasiadamente alto que significa ter uma alimentação saudável e balanceada. Conforme apresentado no relato acima, bem como nos que ainda virão, a escolha dos alimentos que constarão na dieta de nossas entrevistadas está, indiscutivelmente, ligada ao custo de determinados produtos e ao poder aquisitivo que possuem.

Este foi também o mote do último censo 2006/2007 feito pelo IBGE. Um dos resultados mais importantes da pesquisa diz respeito à alimentação da família brasileira. Segundo os dados levantados, a média de gasto mensal com alimentação é de R$304,12. O dado é da Pesquisa de Orçamentos Familiares (POF).

Partindo do cardápio básico sugerido pelos endocrinologistas e nutricionistas, chegou-se a uma lista de compras mensal de produtos normalmente considerados baratos, tais como: banana, laranja, maçã, arroz, feijão, macarrão, frango, pão, leite, alface, tomate, cenoura, cebola, batata, margarina, sal e óleo. No Pão de Açúcar, tradicional rede brasileira de supermercados, esta compra básica em quantidades que serviriam a apenas uma criança no período de um mês custaria R$104,48, equivalente a pouco mais de 1/3 do salário mínimo.[17]

Nesta conta, os alimentos reguladores da lista – banana, laranja, maçã, tomate, cebola, cenoura e alface – correspondem a 41,23% do total, ao passo que os energéticos, compostos pelo pão, arroz, batata e macarrão, correspondem a 19,41% e os construtores, que incluem o leite, o frango e o feijão, equivalem a 39,96%. É natural que uma família que viva com um salário mínimo para alimentar em média quatro pessoas priorize o grupo alimentar mais barato, ou seja, o dos energéticos. Coincidentemente é também o grupo mais calórico.

O levantamento aponta que quase a totalidade de aquisições de alimentos e bebidas para consumo no domicílio foram realizadas mediante pagamento à vista, chegando a atingir 98% em alguns grupos.

---

17 Na época em que o levantamento foi feito o salário mínimo brasileiro era aproximadamente R$ 300,00. Atualmente foi reajustado para R$ 510,00.

A parcela mais rica da população (cuja renda familiar ultrapassa R$4 mil) gasta em média R$662,72 com alimentação, enquanto os que têm renda de até R$400 consomem em torno de R$148,59.

O IBGE também mostrou que os gastos com alimentação fora de casa já significam 24% das despesas da população com refeições. Nesse caso, vale ressaltar outra constante na fala de nossas entrevistadas: o fato de comerem na rua. Normalmente, o hábito vem acompanhado da falta de tempo no preparo de refeições ligeiras, o que as faz consumir salgados, frituras e biscoitos em carrocinhas e ambulantes. Pastel com caldo de cana, joelho ou coxinha de galinha com refrigerante são os campeões de venda, pois custam em torno de R$2,00 e vêm em quantidade generosa, causando saciedade imediata nos seus consumidores.

Outra pesquisa divulgada pelo IBGE (julho de 2007) mostrou que, em apenas trinta anos, o número de crianças e adolescentes do sexo masculino acima do peso no país subiu de 4% para 18%. Entre as meninas, o salto foi de 7,5% para 15,5%. A obesidade, já encarada em todo o mundo como epidemia, atinge seis milhões de jovens brasileiros.

Não menos alarmantes são os dados epidemiológicos sobre obesidade infantil, que sugerem um crescimento anual de 8%. Segundo especialistas, são raras as vezes em que a criança fica obesa em consequência de alguma doença. Em 95% dos casos, a origem é a mesma: o sedentarismo e a má alimentação, como afirma a pediatra Lilian Gonçalves Zaboto, coordenadora do Departamento de Obesidade Infantil da Associação Brasileira para o Estudo da Obesidade (ABESO).

É também consensual entre os estudiosos ser quase impossível que uma criança comece a comer melhor se toda a família também não mudar seus hábitos. Se por um lado a afirmação aponta para as dificuldades que os profissionais de saúde encontram ao propor mudanças nos hábitos alimentares, pois isso implicaria uma alteração do etos familiar, por outro denuncia determinada rigidez de alguns profissionais quando se esbarram com dados de realidade, muitos deles mencionados por nossas entrevistadas.

Entendida como uma epidemia, a obesidade associada ao atual estado de corpolatria, do qual somos todos testemunhas, fez com que o Ministério da Saúde tornasse acessível à população, gratuitamente, as cirurgias bariátricas (oferecidas pelo SUS).

> *Há cinco anos entrei na fila do Hospital Barata Ribeiro para fazer uma plástica nos seios. Fiquei dois anos na fila até conseguir a operação. Um ano e meio depois, a mineira matou o meu marido e jogou o corpo no valão. Foi quando eu tive uma crise de nervos e por conta disso engordei mais de vinte quilos. Na época, cheguei até a procurar no posto de saúde alguém que me ajudasse, me falaram para procurar umas psicólogas ou quem sabe assistentes sociais que seria bom eu desabafar. Cheguei a ir numas consultas com a dra. Márcia, psicóloga que já tinha ajudado umas colegas minhas que fazem parte do grupo de mulheres que trabalham voluntariamente na associação de moradores daqui. Por um tempo foi bom e eu até parei de engordar e cheguei até a emagrecer quase dez quilos, mas aí parei. No início desse ano entrei na fila do Hospital de Ipanema, tenho um pistolão lá dentro – uma amiga que trabalha na faxina e falou com o Dr. Sérgio que me disse na consulta que até o fim do ano me opera. O bom é que eu nem vou ter que emagrecer, pois basta eles comprovarem que você se enquadra nos requisitos. Alguma coisa que tem a ver com peso e altura, um troço desse. Só sei que a minha amiga disse para eu comer de tudo e como sou baixinha e sempre fui gordinha, eles disseram que darão prioridade por causa das minhas juntas e do problema da diabetes* (Lucilene, 32 anos, faxineira).

Na presente pesquisa, contudo, observamos outros valores ligados à gordura. Talvez o mais representativo seja a prosperidade. Portanto, no universo pesquisado, comer em excesso ainda significa a ausência de um estado de privação e miséria absoluta, o que dificulta, imensamente, a mudança dos hábitos alimentares.

Tenho pavor desse negócio de dieta. Outro troço que me dá um nervoso, chega o coração a apertar e dá nó na garganta, é ver meus filhos pedirem algo para comer e eu não poder dar. Outro dia voltando com o Anderson para casa, ele é o meu do meio que tem 8, quando saltamos do ônibus ele me pediu um churrasquinho que viu um cara na barraquinha do outro lado da rua vendendo. Só tinha o dinheiro da passagem e o dinheiro para o meu remédio de pressão que não posso ficar sem tomar. Nem pensei duas vezes, comprei na hora. Sei que não devia ter feito isso, pois se eu morrer quem vai cuidar do meu menino? Mas na hora pensei: poxa, quando eu me deitar à noite na cama não vou conseguir dormir pensando que meu filho tava com fome. Achei melhor me sacrificar. Quando é brinquedo ainda vai, é duro, o coração aperta, dá aquela revolta, aquele desânimo de trabalhar e não sobrar nada, mas comida..... só mãe entende, se pudesse colocava eles todos no peito novamente, pois aí teria a certeza que não passariam fome hora nenhuma. Além da gente controlar, é muito mais barato. Hoje que estou mais velha eu entendo, talvez eu seja assim porque via a minha mãe Zefinha passando necessidade, deixando de comer pra dar comida para mim e para os meus dez irmãos. Morávamos na roça, no interior da Paraíba. Tinha dias que minha mãe só tinha farinha e milho pra dar pra gente. Lembro de olhar para os meus irmãos e ver que tinham aquela barriga estufada de criança desnutrida que toma leite engrossado com maisena. Outras vezes mainha mandava a gente ir dormir porque dizia que assim a fome passava e que no dia seguinte quando acordássemos pai já teria arranjado alguma coisa pra gente comer. Lembrei muito disso quando tive os meus filhos, quando iam ver os meus irmãos recém-nascidos e perguntavam se estava tudo bem, ela costumava dizer que já dava à luz em pé lavando a louça, mas que o aperreio começava mesmo quando o filho sai do peito (Inácia, 48 anos, cozinheira).

Desnecessário, a meu juízo, lembrar do fator econômico como um dos piores inimigos na manutenção de uma dieta saudável e pouco calórica. Os relatos acima não deixam margem para qualquer dúvida. De forma análoga, tal fato justifica as variações que os padrões estéticos assumiram no decorrer da história, o que, por consequência, definiu a relação que o sujeito, individualmente, bem como as classes sociais, desenvolveu com a comida, com o trabalho e com o próprio corpo.

Quero dizer com isto que, embora as mulheres das classes populares tenham acesso à produção imagética difundida pela mídia, sendo, inequivocamente, afetadas pelo discurso do culto ao corpo, ambos agenciadores de subjetividade, algumas nuances muito interessantes acerca do imaginário social deste campo foram aos poucos se delineando.

Produto light e diet é coisa pra madame. Vai olhar a cesta básica: só tem óleo, arroz, feijão, farinha, macarrão, pão. Depois, a gente vai ao posto e o médico diz que tem que comer frutas, verdura, queijo branco. Eu pergunto logo: o senhor vai comprar? Lá em casa estamos aceitando doações! (Jacyra, 48 anos, cabeleireira).

Faço uma dieta bastante restritiva e rigorosa. Atualmente, me alimento muito mais dos elogios que recebo (Monica, 46 anos, designer).

O que entra no carrinho...
comidas que dão aconchego e "sustança".

Diga-me como te vestes e te direi quem és

Outro aspecto dissonante entre as duas classes refere-se à estética dominante e aos padrões indumentários. Enquanto as mulheres das classes mais favorecidas procuram esconder os indesejados quilos a mais e reclamam da acintosa diminuição dos manequins, as mulheres das classes populares parecem, com muito jogo de cintura, encontrar uma apreciação distinta deste corpo e outras possibilidades de indumentária.

Isso nos faria indagar sobre uma estética de classes ou dos excluídos, simultaneamente ao fenômeno de padronização da moda imposto pela indústria cultural do consumo.

Acho a coisa mais ridícula do mundo quando vejo mulher gorda, de roupa larga, se escondendo atrás daquele bando de pano. Quando vejo na rua já sei – é rica. Até parece que o fato de estar coberta irá tornar ela mais magra, pelo contrário! Aí mesmo que nenhum homem vai olhar, então é melhor assumir, do que se esconder e fingir que é uma coisa que não é. Pobre já não tem nada mesmo, tem mais é que mostrar o corpo. Quem não tem nada se ajeita com o que tem (Jéssica, 32 anos, empacotadora).

Quanto mais curvas, melhor!

A entrevistada afirma, enfaticamente, que somos definidos pelo corpo que temos. Sofisticando um pouco o seu raciocínio e caminhando pelo lastro deixado por antropólogos e sociólogos, o sujeito e sua condição são identificados através dos traços que o seu corpo porta (gestual, indumentária, linguajar, forma de andar, sentar etc.), formas de expressão que funcionam como uma cartografia, um mapa da mina, que nos dá pistas sobre aquele indivíduo.

A sentença "quando vejo mulher gorda se escondendo atrás daquele bando de pano, já sei que é rica" também ilustra de forma exemplar uma ideia muito afinada com o tempo em que vivemos: a noção de que estamos reduzidos à nossa aparência; é ela que irá representar nosso caráter, inclusive o sentimento de vergonha e culpa, incitados no sujeito que se julga insuficiente e insatisfeito com a própria aparência, uma vez que é, constantemente, responsabilizado por sua manutenção.

Por outro lado, é interessante notar em sua fala que o julgamento moral depreciativo recai sobre o fato de existir um sentimento de vergonha e que o mesmo construa uma farsa com o intuito de defender esta mulher de uma zona de fragilidade, o que, em última análise, redundaria no embotamento da sua sexualidade – isto sim, de fato, parece não ser tolerado pela entrevistada.

O condenável, aos olhos de Jéssica, refere-se à restrição que as mulheres das elites se impõem de só poderem ocupar o lugar de objeto de desejo masculino quando adequadas à ditadura estética da magreza.

Neste caso, é pertinente lembrar que para as mulheres das classes médias e altas, feiura é índice de menos ser, ou seja, a feia é considerada menos mulher. Surgem aqui as especificidades de cada campo, uma vez que para o primeiro grupo a gordura é a forma mais representativa de feiura, gerando uma exclusão socialmente validada naquele universo; para o segundo grupo, feio, ridículo e risível é se esconder.

Os usos do corpo são distintos, porque a magreza parece não ser a moeda de troca para capturar o olhar. A moeda de troca continua sendo o oferecimento deste corpo, sem, no entanto, abdicar de seus recheios e conteúdos, pois os traços deixados pela maternidade não são extirpados ou, sequer, razão de ocultamento deste corpo.

Tais discursos contrapõem-se frontalmente com o de antigas entrevistadas:

"Quero eliminar os desagradáveis traços da maternidade" ou "para ficar bem preciso me livrar de todos os meus recheios" (NOVAES, 2004, p. 179).

Não nos esqueçamos que é notório o fato de estas mulheres serem muito mais prolíferas, no sentido de não aderirem a um planejamento familiar e exercerem a maternidade, em geral, com uma idade bem mais precoce. O que percebemos ao andar nas comunidades é o total desvelamento do corpo, seja ele gordo, magro, velho ou jovem.

Apropriando-se do último trecho da fala de nossa entrevistada, para aqueles que não têm nada e se ajeitam com o que têm, é válido pensar no corpo como uma das únicas fontes de autonomia e lazer.

> *Uma das piores coisas de ser gorda é a falta de opção de roupas em sintonia com as tendências do mundo da moda, roupas charmosas. Nada para gordo é fashion. Só vendem conjuntos, pantalonas, roupas, em geral, muito senhoris* (Verônica, 41 anos, secretária executiva).

> *Não tenho dinheiro pra comprar roupa em shopping. Hoje em dia, nem na Marisa tem o meu tamanho. O que faço então, como, aliás, a maioria das mulheres da comunidade, é comprar as minhas roupas na feirinha da Rocinha, que no primeiro sábado de cada mês é montada por aqui. É ótimo, porque eles vendem um tamanho único que dá em todo mundo – da gordinha à magrinha, e se precisar, ainda fazem bainha por um real* (Sandra, 37 anos, merendeira de uma escola pública).

As roupas que a entrevistada menciona são feitas de um tecido chamado viscolycra. Este material, conforme informa o nome, possui como característica principal a elasticidade, o que significa que uma peça comporta variações consideráveis de manequim. Ou seja, acreditamos que o sucesso deste tecido neste segmento específico do mercado deva-se a sua adaptabilidade, além do baixo custo, pois a mesma indumentária servirá em vários membros da família, estimulando, inclusive, trocas da vestimenta entre eles.

Quando entro numa loja e a vendedora pergunta se a roupa é pra mim, já vai logo dizendo que não possui tamanhos especiais. Dou logo meia volta para não ter que encarar os olhares de desaprovação, pois pior do que não terem o seu manequim é te olharem como se você fosse um criminoso e merecesse repreensão. Já reparou, quando uma pessoa magra entra numa loja, já abrem logo um sorrisão, se for gordo, sofrerá um misto de constrangimento e reprovação (Débora, 18 anos, estudante universitária).

Compro as minhas roupas na feira da Rocinha, porque tenho um corpo padrão mulher melancia, popozuda e lá é ótimo, porque vendem calça da Gang, falsificada, muito bem feita por trinta reais (Nathaly, 25 anos, faxineira).

Conforme pudemos observar nas falas citadas acima, para as mulheres dos estratos menos favorecidos, a roupa, tal qual o corpo, não constitui uma forma de aprisionamento e exclusão. Este fenômeno se atualiza de modo diferente nas classes mais abastadas. Ir à praia, usar roupas provocantes que exponham o corpo e ter uma vida sexualmente ativa, nas comunidades pesquisadas, não são prerrogativas das mulheres magras.

Driblando ou desconhecendo o discurso médico?

Nas quatro academias visitadas, observei não somente a venda dos produtos para emagrecer mencionados anteriormente, bem como a sua comercialização por um custo bastante inferior ao que era vendido nos estabelecimentos do asfalto, quando isso ainda era permitido. Nas academias de classe alta, onde esses produtos também eram vendidos, havia, contudo, certa "camuflagem", como mencionei anteriormente

Comparativamente, nas academias de classe média este era um assunto tabu, embora muito difundido, levando, inclusive, a uma estratégia diferenciada de atendimento aos alunos que tomavam suplementos alimentares, usavam *fat burners*[18] e lançavam mão de ciclos de hormônio. Em uma de minhas excursões pelo campo notei que a ficha de identificação dos alunos que usavam deste expediente possuía uma cor diferente dos demais cadastros (NOVAES, 2001a).

No caso das academias nas favelas que pesquisei, observei um uso indiscriminado desses produtos. Talvez possamos atribuir a maior falta de controle à falta de informação e de profissionais qualificados. Mas isso não é provável, afinal de contas, comprar remédios sem receita é um hábito bastante difundido nas classes médias e altas, fazendo parte de nosso etos brasileiro certo descaso com a observância das leis.

---

18 Termo comumente usado em referência a medicações que possuem em sua composição anfetamina, metanfetamina, fentermina, efedrina, cafeína, entre outros excitantes e estimulantes. São indicados com o intuito de acelerar o metabolismo e melhorar a performance atlética, com vistas a aumentar, simultaneamente, o gasto calórico e o ganho da massa muscular, mas cujos efeitos colaterais (paradoxais) colocam em risco a saúde do usuário, podendo provocar sintomas tais como: taquicardia, arritmia, sudorese, alterações hormonais, desequilíbrio hidroeletrolítico, amenorreia, inapetência, disfunção hepática, bem como paranoia e alterações acentuadas de humor, como distimia ou surtos de agressividade.

Contudo, a reprodução de uma série de práticas não foi somente observada no tocante aos produtos ilícitos ou de procedência duvidosa cuja proposta estava referida a perda de peso ou ganho súbito de massa muscular. Observou-se, igualmente, a mimetização de algumas práticas corporais como a massagem, nas quais a utilização de produtos caseiros tem como objetivo a otimização dos resultados conseguidos através das intervenções cirúrgicas. Sujeitos criativos e com grande plasticidade na apropriação de diferentes técnicas, como observamos também nas falas anteriores.

Acho que é porque isto aqui é hospital público e a gente é pobre, então acham que estão fazendo caridade e, portanto, ninguém vai voltar para reclamar, mas eu sei, porque na casa que eu trabalho a minha patroa fez e eu via a massagista indo lá – aí eu dava uma olhada e quando fiz a lipo pedi para a minha comadre, que já trabalhou em salão fazendo massagem estética, dar uma ajudazinha. Toda semana ela vai lá em casa. Eu até aprendi a fazer também, assim, se uma conhecida minha lá do beco conseguir também fazer com o doutor Cláudio, a gente já pode dar aquela ajuda, né? (G., 37 anos, faxineira)

Olha só, vou te contar uma coisa, mas você não vai falar nada com os residentes porque aí eu vou levar a maior bronca: fiz uma mistura lá em casa que deu certo e já passei para a mulherada aqui na fila. Misturei umas folhas que planto lá em casa com maisena e fiz assim tipo uma goma que serve de emplastro para dissolver os edemas, a minha avó mexia com ervas, era filha de índio e me ensinou muitas coisas – funciona que é uma beleza. Os meninos aqui do ambulatório dizem que é crendice, que não tem base nenhuma e que pode até fazer mal, mas as minhas colegas que vêm aqui fazer os curativos estão gostando dos resultados. Se a gente não passar nada, porque os cremes que eles recomendam, embora não sejam assim de marca, são muito caros, aí fica tudo empolado (Marilza, 58 anos, massagista).

No contexto citado, pacientes de um hospital público da rede municipal carioca que haviam se submetido a cirurgias plásticas de cunho estético contavam-me as estratégias que viabilizavam os onerosos cuidados e práticas corporais envolvidos na manutenção do pós-operatório, apesar de tais cuidados serem desqualificados pela classe médica, com a alegação de não haver qualquer base científica que confirmasse seus benefícios.

Estas mulheres, então minhas entrevistadas, contavam com uma rede de apoio e solidariedade, bem como uma forma de organização que propiciava a perpetuação de um saber popular sobre o corpo. Transformado em ação, este saber evidenciava a eficácia das práticas caseiras no bem-estar das pacientes e na consequente obtenção de bons resultados segundo os próprios parâmetros médicos.

Vaidade, criatividade e jogo de cintura

Na esteira das diferenças entre os usos do corpo nas distintas classes sociais, encontramos estratégias para driblar as carências observadas nas comunidades que, paralelamente, funcionavam como uma forma de adesão ao discurso do culto ao corpo.

Apenas uma das quatro comunidades que pesquisei não possuía academias de ginástica ou uma quadra poliesportiva, que no caso dos demais campos pesquisados, à noite era aproveitada como espaço para bailes *funk*.

É interessante perceber também que quanto maior a comunidade, ou com uma presença do Estado relativamente perceptível, melhores e mais bem equipadas são as academias.

Minhas entrevistadas, muitas das quais exerciam funções acumuladas como doméstica (lavadeiras, passadeiras, faxineiras, cozinheiras etc.), reproduziam criativamente as práticas assimiladas e incorporadas na casa de suas patroas.

A ditadura da beleza sobe o morro.

Tijolos em vez de *steps*, emplastros no lugar de cremes caros e baldes de limpeza funcionando como halteres foram formas encontradas para substituir as massagens e os exercícios físicos executados em academias, com massagistas e *personal trainers*.

De forma análoga, cansados de esperar por alguma providência que levantasse a verba prometida na construção de uma academia de ginástica que atendesse à demanda local, alguns membros da associação de moradores de uma das três comunidades utilizadas como campo de pesquisa para esse estudo, improvisaram uma academia de musculação, a céu aberto, na laje de um dos moradores que empreendia uma obra de expansão em sua casa.

Como as pacientes do ambulatório, os habitantes desta comunidade mimetizavam, de forma criativa, o *habitus* das classes dominantes em relação aos cuidados com o corpo. Neste caso específico, a prática corporal da malhação.

Uma verdadeira aula de engenharia e criatividade definiria o que foi encontrado. O espaço era chamado de "Academia do Barrão", em alusão ao apelido do dono da casa, marombeiro contumaz que faz uso de suplementos alimentares.

O que vimos foi um reaproveitamento de materiais acessíveis àquela comunidade transformados em equipamentos de musculação. Compensados de madeira acoplados a molas de colchão e colchonetes velhos davam maior conforto aos frequentadores para desenvolverem os exercícios abdominais.

"Barrão" lidera o movimento...
Do culto ao corpo no morro.

Da mesma forma, vergalhões de ferro que sobraram de alguma obra realizada na comunidade eram encaixados a latas de tinta, devidamente enchidas do cimento excedente da obra do dono da casa, transformando-se em barras para exercitar a musculatura peitoral. Tijolos substituíam os halteres, com os quais os usuários da academia trabalhavam à exaustão supino, bíceps e tríceps.

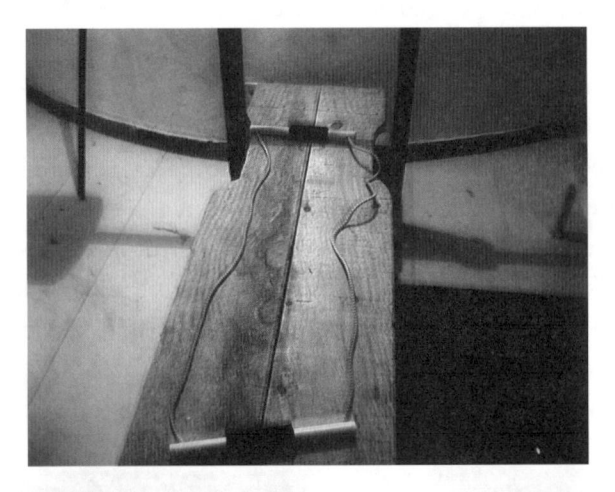

A qualidade dos aparelhos vai depender da afluência de cada comunidade.

Finalmente, na reprodução de aparelhos que funcionassem como cadeiras adutoras e abdutoras, os moradores, muitos deles marceneiros, carpinteiros, serralheiros e operários da construção civil, improvisaram mobiliários que, com o auxílio da borracha extraída dos pneus dispensados pelo desmonte de carros situado nas cercanias da favela, serviam como resistência na execução dos exercícios.

A solução encontrada demonstra bem a criatividade. Demonstra também o estatuto da lei e como esta agencia as subjetividades.

Sexualidade, maternidade e envelhecimento

Quase todas as entrevistadas do primeiro grupo atribuíram à maternidade a perda da forma física. Como se a maternidade e um corpo bem delineado fossem categorias excludentes e trouxessem sofrimento psíquico.

O envelhecimento associado à maternidade pareceu ser o mote principal para que houvesse o desejo de transformação corporal. Longe de serem valorizados, como nas sociedades tradicionais, os sinais de velhice são repudiados e devem ser removidos, extirpados, lipoaspirados. Dessa forma, verificou-se que à gordura atribui-se excesso e à velhice, deselegância.

Já no caso das mulheres pobres, embora houvesse o desejo de atenuar as marcas do tempo e de uma vida infinitamente mais castigada, a maternidade assume implicações psíquicas distintas. Isto significa dizer que não somente os fatores motivacionais em relação à maternidade são distintos, mas o desejo e o significado da chegada dos filhos também o são.

De forma análoga às marcas deixadas pela maternidade, o envelhecimento acontece precocemente nas classes populares. As justificativas para a implementação de mudanças, sacrifícios e intervenções cirúrgicas no corpo não seguem uma lógica individualista e sim a de um desejo manifesto de sedução e captura do olhar masculino. Reunidos, são todos aspectos/categorias reveladoras de realidades radicalmente diferentes.

Nesse contexto, surgem também algumas intervenções inéditas, posto que estas mulheres consideram estéticos alguns procedimentos essenciais para a manutenção da saúde e não somente da autoestima. Este é o caso da eliminação de varizes, cicatrizes e blaferoscopia – retirada do excesso de pele que cai sobre as pálpebras e que tem como consequência dificultar a leitura.

> *A primeira fiz nos seios, porque ficaram realmente muito feios depois de duas amamentações. Além de feios, de tamanhos desiguais, o que levou o Dr. Pitangui a considerar a plástica não como estética, mas como reparadora. As outras, várias e todas muito sutis, fiz para corrigir sinais normais e* deselegantes *de envelhecimento* (Heloisa, 54 anos, engenheira).

> *Tô na fila do hospital pra levantar as muxibas caídas. Tenho cinco filhos e todos mamaram até dois anos e meio – época boa, pois a gente economiza e é sempre menos uma boca* (Elza, 38 anos, caixa de mercearia).

Uma indagação frequente e que acabou constando no roteiro de perguntas era saber como essas mulheres justificariam continuar tendo filhos ou tê-los muito jovens apesar de saberem das privações e dificuldades que enfrentariam. Partimos da premissa de que as entrevistadas, pelo fato de morarem em zonas urbanas, tinham amplo acesso a informação, e que, portanto, deveria existir alguma razão para não lançarem mão dos contraceptivos, que são, inclusive, oferecidos gratuitamente nos postos de saúde. Era impressionante como as histórias repetiam-se através das gerações.

Minha mãe me teve com quinze anos, me criou sozinha e embora achasse que não queria a mesma coisa para mim, tive o Ryan, meu filho, com dezesseis. Hoje moro com ela e a minha avó vem todo dia para ficar com o garoto enquanto eu e minha mãe saímos para trabalhar. Tem mais de dez anos que eu não vejo o meu pai, desde que a minha mãe expulsou ele de casa na última vez que ele chegou bêbado em casa e ameaçou bater nela de novo. Também pus o Robson pra fora da casa que a gente morava, mas era porque ele era muito galinha. A gente casou muito cedo, eu tinha quinze anos, tava grávida e ele já aprontava de ir pro baile sem mim. Eu com aquele barrigão em casa e ele comendo geral no morro. Até que teve um dia, o Ryan tinha uns seis anos, que encheu meu saco e joguei as coisas dele todas lá de cima da laje. Foi quando uma piranha, de dezessete anos, chegou e bateu na minha porta dizendo que tava grávida dele. Agora quero mais é zoar, tô solteira, na pista pra negócio e não quero mais saber de casamento. Me preocupo só com o meu filho. Fui na médica para tirar essas varizes porque depois da gravidez pioraram e gosto de usar shortinho e roupa curta quando vou para o baile ou para o forró. Minha perna fica parecendo um mapa daqueles que a gente aprende na escola. Se pudesse também dava uma turbinada para ter os seios que tinha antes do Robson. Quando vou dançar e tá aquele calor gostoso, gosto de usar top bem decotado, acho legal quando a gente sua, o cara morde o beiço e olha com vontade de cair de boca, sabe como é (risos) (Rose, 25 anos, babá).

Sou uma pessoa sexual e plastificada. Depois que tive e amamentei os meus dois filhos, meu corpo tava uma... E meus seios caídos. Fiz porque estava me atrapalhando transar (Valéria, 61 anos, dentista).

Contrapondo as duas falas acima, podemos perceber como a gravidez deixa marcas tão distintas. Enquanto para uma ela gerou um empecilho em sua vida sexual, pois o corpo ficou "marcado", para a outra entrevistada, o destino de uma mulher que engravida cedo em nada parece impedir sua atividade sexual. Esta última percebe as marcas deixadas (varizes e seios), mas, para usar a terminologia local, "tá na pista pra negócio".

Tinha vontade de colocar uma prótese na bunda, tipo a da Feiticeira, acho sinistro. Homem adora mulher com rabão. Quando fosse pra quadra no ensaio da minha escola, colocava a minha calça da Gang, empinava o lombo e aí, colega, não ia ter pra ninguém! Eu sou ligada (referindo-se à cirurgia de ligadura das trompas) *há cinco anos. Consegui com a minha patroa quando ainda tava com Emerson, o pai das meninas. Ele não quis fazer circuncisão, então a minha patroa, que é médica e sabia que já tinha passado por três gravidezes de risco, conseguiu isso no Hospital da Lagoa para mim. Quando liguei, aproveitei para consertar a cicatriz das cesáreas que fiz. Aquilo tava horrível, me incomodava e coçava quando colocava calça jeans. Além do que, ficava com vergonha, porque gosto de usar biquíni bem pequenininho na praia. Então, antes da cirurgia usava shortão e ficava com raiva porque o Emerson olhava para as outras garotas na praia – o problema é que não tem biquíni grande só na frente!* (Rose, 30 anos, trabalha na birosca do "Seu Nervoso").

Fiz há quatorze anos atrás; tinha trinta e um anos e foi logo depois da minha segunda gravidez. Sempre tive o quadril largo, depois então da gente ter filho piora tudo (Gabriela, 48 anos, jornalista).

Meu marido vive me dizendo que quem vive de imagem é atriz, mas eu achava que se ficasse com os seios que queria, ele não iria olhar para mais ninguém – isso ia salvar a minha autoestima e o meu casamento também. Não salvou nada, pelo contrário, hoje ele tem muito menos tesão em mim e ainda me chama de clone do Pão de Açúcar, ele diz bem assim: tão aí duros, rijos, mas não dão vontade de apertar, só admirar (Aline, 31 anos, paciente do Hospital Municipal Barata Ribeiro).

Fiz o lifting e a lipo porque queria restaurar a minha imagem, estou num momento de catarse e reformulação da minha vida. Terminei meu casamento há três anos e quando isso aconteceu percebi que tinha que me cuidar. Estava uma baranga, parecia um pneu da Pirelli! (Ana Carolina, 44 anos, advogada).

Não deve ter escapado ao leitor a diferença na extensão dos comentários feitos quando comparamos as classes sociais. Disse, já em minha introdução, que a técnica de entrevista semiestruturada não se provou um bom instrumento. O que pude observar era que, frequentemente, minhas entrevistadas atuais iam me contando a história de suas vidas. Como não ouvir? Como perder toda a riqueza desses depoimentos dados não apenas com entusiasmo, mas também como uma oportunidade, talvez única, de poderem ser ouvidas?

Sempre fui muito independente e aos treze anos quando minha mãe me proibiu de namorar o Klauber resolvi sair de casa. Hoje sei que ela queria me proteger para que eu não passasse por tudo que ela passou. Dizia para ela que isso não aconteceria, porque a gente não é parecida no jeito de ser. Ela é muito acomodada. Comigo tudo ia ser diferente. Ao contrário dela eu não ia aturar homem bêbado e nem sustentar vagabundo, mas depois que tive o Victor e a Jenniffer tudo mudou. No primeiro ano com o Klauber era tudo maravilhoso, mas foi só os gêmeos nascerem que a coisa começou a não prestar. A gente vivia apertado, num quarto que ele construiu nos fundos da casa dos pais. Ele trabalhava de entregador numa farmácia e eu ajudava a dona Nilce (sogra) a lavar roupa, porque com a minha idade na época ninguém queria me dar emprego. Até aí tudo bem, até que o pai dele morreu num acidente. O pai dele é topiqueiro (motorista de van) e parece que estava dirigindo bêbado. O filha da p... bateu num ônibus e matou quase todo mundo que tava no veículo. Depois disso, o Klauber teve que assumir todas as contas de casa e mais as dívidas de jogo, conta no bar e tudo quanto foi problema que o seu Severino deixou. Só o serviço de entregas não dava conta de pagar tudo e ele teve que se meter em vários bicos. A essa altura eu já tava prenha com um barrigão quase estourando. A coisa piorou quando o Klauber pediu um empréstimo com o Júnior da boca. Eles eram amigos desde moleques e por mais que o Klauber não quisesse não teve outra saída. A gente brigou muito por causa disso, ele começou a beber pra aguentar o trampo, pois tinha que trabalhar dia e noite para pagar a dívida. Começou a ficar agressivo e eu, que já tinha visto aquele filme em casa, quebrava o maior pau com ele toda noite. Quando as crianças nasceram a coisa só piorou, pois as despesas só faziam aumentar. Resultado, depois de três anos de porradaria decidimos nos separar. Hoje moro com minha mãe e as crianças na casa dela. Foi muito duro no início, até porque eu sou orgulhosa e não queria pedir ajuda a minha mãe, mas não teve jeito. Há dois anos conheci um cara com quem me envolvi, nos conhecemos no forró que vou às sextas, não chegamos a morar junto, mas eu engravidei. Ele não assumiu e quando a menor nasceu ele sequer registrou – foi a minha mãe que foi no cartório. Não pedi nada para ele, até porque sei que é casado, mas fiquei com essa mágoa pelo fato da Suellen não ter o nome do pai. Podia até ser bandido, bêbado ou drogado, mas para mim, deixou de ser homem quando fez isso. Acho que essa situação toda me desgastou e sacrificou muito o meu corpo, porque eu me olho no espelho e sinto que os anos estão pesando no meu rosto, mas se eu fosse mexer em alguma coisa eu faria uma lipo na barriga porque a gravidez dos gêmeos acabou com aquela barriguinha tanquinho que eu tinha. Minha mãe falava para eu usar a cinta, mas imagina se com quatorze anos eu ligava para isso, queria mais era que tudo fosse pro inferno, até porque quando sobrava um dinheirinho e a dona Nilce segurava as pontas cuidando das crianças, queria mais era ir pro baile me divertir. Usar aquele negócio faz muito calor. Hoje me arrependo, pois na gravidez da menor o meu corpo já não era o mesmo. Atualmente, eu puxo ferro na academia que tem perto da quadra. Pego mais pesado na coxa e nos exercícios para o bumbum, gosto dessa parte bem reforçada (Shirley, 24 anos, manicure).

Eu sei que não é desculpa, mas diversão de pobre é sexo. É por isso que pobre faz tanto filho, depois tem aquele lance: a gente tá tudo acostumado a ter família grande, um ajudando o outro, dividindo o pouco que tem. Esse negócio de planejar muito, organizar, guardar, poupar e só ter filho quando tiver terminado os estudos é coisa de rico, pobre já não tem nada mesmo, vai esperar o quê, morrer? Já é tudo ferrado mesmo, o lugar que a gente mora já é a maior bagunça, falta tudo e é violento. Então, tudo que a gente tem é a família, então bora fazer ela crescer. Acho que é isso, não dá pra pensar muito não, senão a gente vai ficar se lamentando porque não tem isso, não tem aquilo, não tem estudo, ainda vive de aluguel e a vida passa. Alegria de pobre é ter a casa cheia, com barulho, um entra e sai danado, isso é que é vida. Para ser sincera nossa vida é assim, é o que a gente conhece, tá acostumado e gosta. Acho isso mais vida que o silêncio que vejo na casa dos meus patrões, todo mundo fala baixo, porque é assim e é chique. Quando chego pra trabalhar acho a casa morta. Aqui em casa, aqui no morro, aqui no beco, qualquer lugar que você for, a qualquer hora que se chegue, tem gente, movimento, barulho, tem vida – lá não falta nada, em compensação é morto. É nessas horas que eu penso que a vida surge onde falta tudo (Sirlenne, 45 anos, serve café em um laboratório da zona sul).

Chega a hora de terminar – mas como? Qual a fala que melhor ilustra este trabalho? Penso que todas. Mas comecei falando um pouco sobre o território da favela. Continuidades e descontinuidades, becos e vielas estreitamente vigiados, público e privado que se interpenetram em uma geografia muito distinta do asfalto.

O corpo acompanha a geografia do "lugar".

Segundo Marc Augé (1994), os "lugares" são fundamentais porque são identitários, relacionais e históricos. Os sujeitos ligam-se aos lugares e os reconhecem no curso de sua vida. Há o lugar onde se nasceu, aquele de onde se vem, onde se trabalha, o lugar onde se mora. Isto significa que o espaço pode ser simbolizado, ou seja, pode ganhar um lugar representacional no imaginário do sujeito.

O espaço torna-se, então, um campo de construção da vida social onde se entrecruzam, no tempo plural do cotidiano, os fluxos dos acontecimentos e o incontável arsenal de objetos técnicos. Cada espaço é, portanto, global e particular; expressa o mundo e as condições próprias, singulares, de sua constituição (VILHENA & SANTOS, 2000).

Se cada lugar espelha a realidade e os costumes de diferentes espaços físicos, seus arsenais técnicos e imaginários, seria possível fazer uma analogia com a topografia do lugar onde esses corpos são produzidos? Como dissemos no capítulo anterior, assim como o corpo, a geografia da cidade é também um lugar de trocas.

E como é viver em um lugar em que as trocas são tão controladas e o espaço tão vigiado? Segundo Vilhena (comunicação pessoal), talvez possamos pensar que em territórios estreitamente vigiados como as favelas (seja pela polícia, seja pelo narcotráfico ou pelas milícias), onde o estado de anomia vivenciado nessas localidades tenha como seu resultado mais efetivo o uso da lei como um instrumento de vingança das elites, as linhas de fuga são reduzidas, mas felizmente não são inexistentes.

Talvez, neste contexto, possamos pensar o corpo como um dos últimos redutos de resistência ao controle exercido. Este corpo que é tantas vezes maltratado, torturado e explorado, não se deixa reduzir a ser apenas isto – é também um corpo do prazer negado em quase todas as outras esferas da vida, do lúdico e do político.

No caso das comunidades que visitei a inconstância e a imprevisibilidade dão ao corpo características distintas, revestindo-o de uma maleabilidade/plasticidade fundamental, não somente para a sua sobrevivência, como também para a saúde psíquica dos sujeitos que ali vivem. A narrativa a seguir revela como a geografia corporal estaria imiscuída à geografia física, refletindo, inclusive, as diversas formas de viver do sujeito. Nas palavras de Waldecy, 35 anos, professora primária da rede pública e líder comunitária:

Você me perguntou que tipo de corpo eu acho bonito e qual gostaria de ter. Eu te respondo o seguinte, acho que funciona assim: lá no asfalto tudo é reto*, aberto, espaçoso, nada falta e quando tem confusão tratam logo de consertar, ou seja, o cara que vive lá embaixo tem segurança. Já aqui em cima a coisa rola diferente*, o terreno é acidentado, apertado, cheio de becos e ruelas, nada é reto*, tem muita coisa errada, mas as autoridades não se empenham em resolver. O que isso tudo tem a ver com a sua indagação?* Ao invés de responder que corpo gostaria, uma professora do morro deveria dizer pra do asfalto que corpo é possível ter, *já que o lugar que eu moro não é como gostaria.* Preciso ser sinuosa, não posso ser reta, caso contrário não sobreviveria mais do que dois dias por aqui. *Quer seja por causa do movimento que sai matando nossas crianças ou da polícia que chega estourando dentro da casa da gente sem pedir licença. Não dá nem para saber se iremos ao trabalho no dia seguinte, se será possível pegar condução, se teremos dinheiro no final do mês para pagar as contas – é tudo imprevisível!* Portanto, você não pode subir aqui esperando encontrar o mesmo corpo. Nosso corpo é esperto, temos que improvisar desde cedo. Pobre que não improvisa não vive, se lasca todo. *E você sabe como é: viver não é só comer e trabalhar, como diz aquela música dos Titãs – a gente não quer só comida, a gente quer* *comida, diversão e arte. Por isso, quando dizem que a vida na favela é fácil, porque não pagamos por nenhum serviço, temos gato em praticamente todos os aparelhos, reajo*, pois as pessoas confundem viver com sobreviver. *Eu costumo brincar com os meus alunos, pois eles me perguntam se é errado terem gato em suas casas, já que no rádio e na tevê ouvem que é crime – respondo que é errado, mas serve como uma compensação, já que temos que matar um leão por dia e o governo não dá condições adequadas. É a tal história, quem não tem cão, caça com gato!* Esse corpo (apontando para o próprio) muda toda hora. Então eu acordo e todo dia de manhã me pergunto: com que corpo eu vou enfrentar a realidade?

Referências bibliográficas

ABIHPEC (Associação Brasileira da Indústria de Higiene Pessoal, Perfumaria e Cosméticos). Disponível em: <http://www.abihpec.org.br/dadosdomercado_dados_mercado.php> Acesso em: 25/4/2008.

ANZIEU, D. *O eu-pele*. Rio de Janeiro: Casa do psicólogo, 1989.

ARAÚJO, A. *Diário de Minas*. Novembro, 2006.

AUDOIN-ROUZEAU, S. "O corpo e a guerra". In: CORBIN, A.; COURTINE, J.-J. & VIGARELLO, G. (orgs.). *História do corpo: as mutações do olhar, o século XX*. Vol. 3. Petrópolis: Vozes, 2008, pp. 365-441.

AUGÉ, M. *Não-lugares: introdução a uma antropologia da supermodernidade*. Campinas: Papirus, 1994.

BAECQUE, A. "O corpo no cinema". In: CORBIN, A.; COURTINE, J.-J. & VIGARELLO, G. (orgs.). *História do corpo. As mutações do olhar: o século XX*. Vol. 3. Petrópolis: Vozes, 2008, pp. 481-507.

BAKHTIN, M. *A cultura popular na Idade Média e no Renascimento: o contexto de François Rabelais*. São Paulo: Hucitec, 1996.

BALSAMO, A. "Forms of technological embodiment: reading the body in contemporary culture". *Body & Society*, vol. 1, n. 3. Londres: Sage, 1995.

BARTHES, R. "Encore le corps". *Critique*. Paris, n. 423-424, 1982.

BAUDRILLARD, J. *A sociedade de consumo*. São Paulo: Edições 70, 1970.

BAUMAN, Z. *Modernidade líquida*. Rio de Janeiro: Jorge Zahar, 2001.

BIRMAN, J. "Corpos e formas de subjetivação em Psicanálise". In: *Estados Gerais de Psicanálise*. Segundo Encontro Mundial. Rio de Janeiro, 2003.

_____. *Mal-estar na atualidade: a psicanálise e as novas formas de subjetivação*. Rio de Janeiro: Civilização Brasileira, 1999.

_____. "A deusa imperfeita. A estética como política". *Cinemais*, n. 9, 1998, pp. 105-111.

BOLTANSKI, L. *As classes sociais e o corpo*. São Paulo: Graal, 1984.

BOURDIEU, P. *A economia das trocas simbólicas*. São Paulo: Perspectiva, 1987.

BRAZÃO, M. *Estetização do corpo feminino e a gestação*. Dissertação de Mestrado. Departamento de Psicologia. PUC-Rio, 2007.

CAMPBELL, C. *The romantic ethic and the spirit of modern consumerism*. Oxford: Blackwell, 1987.

CASH, T. F. & HENRY, P. E. "Women's body images: the results of a national survey in the USA". In: *Sex roles*, vol. 33, n. 1/2, 1995.

CASOTTI, L.; SUAREZ, M.; CAMPOS, R. (orgs.) *Tempo da beleza: consumo e comportamentos feminino, novos olhares*. Senac, 2008.

CASTORIADIS, C. *A instituição imaginária da sociedade*. Rio de Janeiro: Paz e Terra, 1982.

CERTEAU, M. *A cultura no plural*. Campinas: Papirus, 1995.

COSTA, J. F. *Violência e psicanálise*. Rio de Janeiro: Graal, 1985.

CORBIN, A. "Dores, sofrimentos e misérias do corpo". In: CORBIN, A.; COURTINE, J.-J. & VIGARELLO, G. (orgs.). *História do corpo: da revolução à grande guerra*. Vol. 2. Petrópolis: Vozes, 2008a, pp. 181-266.

CORBIN, A. "O encontro dos corpos". In: CORBIN, A.; COURTINE, J.-J. & VIGARELLO, G. (orgs.). *História do corpo: da revolução à grande guerra*. Vol. 2. Petrópolis: Vozes, 2008b.

CORBIN, A.; COURTINE, J.-J. & VIGARELLO, G. *História do corpo*. Vols. 1, 2 e 3. Petrópolis: Vozes, 2008.

COURTINE, J.-J. "O corpo anormal: história e antropologia culturais da deformidade". In: CORBIN, A.; COURTINE, J.-J. & VIGARELLO, G. *História do corpo: as mutações do olhar*. Vol. 3. Petrópolis: Vozes, 2008.

_____. "Os Stakanovistas do narcisismo". In: SANT'ANNA, D. B. (org.). *Políticas do corpo: elementos para uma história das práticas corporais*. São Paulo: Estação Liberdade, 1995.

_____. "Corps, regards, discours: typologies et classifications dans l'age classique". Paris, *Langue française*, n. 74, 1987.

CROSSLEY, N. "Body-subject/body-power: agency, inscription and control in Foucault and Merleau-Ponty". *Body & Society*, vol. 2, n. 2. pp. 85-98, 1996.

DANIELS, M. C. *Traços físicos, imagens sociais: representações da feiura*. Dissertação de Mestrado. São Paulo. Unicamp, 1999.

DAVIS, K. *Reshaping the female body: the dilemma of cosmetic surgery*. Nova York: Routlege, 1995.

DEL PRIORE, M. "Corpo a corpo com a mulher." In: *Pequena história das transformações do corpo feminino no Brasil*. São Paulo: Senac, 2009.

_____. "Fazer-se bela, ser mulher." In: *Pequena história das transformações do corpo feminino no Brasil*. 2000 (cópia mimeo).

_____. *Ao sul do corpo: condição feminina, maternidades e mentalidades na Colônia*. Rio de Janeiro: José Olympio, 1998.

DESPRATS-PEQUIGNOT, C. "Corps-matière et jouissance: le rêve d'un nouveau corps". *Colóquio internacional: o corpo contemporâneo: psicanálise, cultura e criação*. Univ. Santa Úrsula, PUC-Rio e Univ. Paris VII. 29 e 30 de outubro de 2007. USU e PUC-Rio. (cópia mimeo)

DIMENSTEIN, M.; ZAMORA, M. H & VILHENA, J. "Sobre a vida dos jovens nas favelas cariocas: drogas, violência e confinamento". *Revista do Departamento de Psicologia da UFF*, Niterói, v. 16, n. 1, pp. 24-39, 2005.

DURIF, C. "Perceptions et representations du poids et des formes corporelles: une approche psychoethnologique". *Informations sur les sciences sociales*. Paris, vol. 29, n. 2, pp. 14-28, 1990.

DUTTON, K. *The perfectible body: the western ideal of physical development*. Londres: Cassel, 1995.

DWECK, R. "A beleza como variável econômica. Reflexo nos mercados de trabalho e de bens de serviço". *Texto para discussão*, 618. Rio de Janeiro: IPEA, 1999.

ECO, H. *História da feiura*. Rio de Janeiro: Record, 2007.
_____. *Histoire de la beauté*. Paris: Flammarion, 2004.

EDMONDS, A. "No universo da beleza: notas de campo sobre cirurgia plástica no Rio de Janeiro". In: GOLDENBERG, M. (org.). *Nu e vestido: dez antropólogos revelam a cultura do corpo carioca.* Rio de Janeiro: Record, 2002, pp. 189-261.

EHRENBERG, A. *La fatigue d'être soi: dépression et société.* Paris: Odile Jacob, 1998.

FARIAS, P. "Corpo e classificação de cor em uma praia carioca". In: GOLDENBERG, M. (org.). *Nu e vestido: dez antropólogos revelam a cultura do corpo carioca.* Rio de Janeiro: Record, 2002, pp. 263-301.

FEATHERSTONE, M. *Cultura de consumo e pós-modernismo.* São Paulo: Studio Nobel, 1995.

FEITOSA, C. "Alteridade na estética: reflexões sobre a feiura". In: KATZ, C. S.; KUPERMANN, D. & MOSÉ, V. (orgs.). *Beleza, feiura e psicanálise.* Rio de Janeiro: Contra Capa, 2004, pp. 29-39.

FERGUSON, H. "Me and my shadows: on the accumulation of body-images in western society part one – The image and the image of the body in pre-modern society". *Body & Society*, vol. 3, n. 3, pp. 11-19. Londres: Sage, 1997.

FISCHLER, C. "Obeso benigno, obeso maligno". In: SANT'ANNA, D. B. (org.). *Políticas do corpo: elementos para uma história das práticas corporais.* São Paulo: Estação Liberdade, 1995, pp. 69-80.

FONTANA, A. "Uma estética da existência". In: MOTTA, Manoel de Barros (org.). *Michel Foucault: ética, sexualidade, política.* (Coleção Ditos e Escritos V). Rio de Janeiro: Forense Universitária, 2004 (1984), pp. 288-293.

FOUCAULT, M. *O nascimento da clínica.* Rio de Janeiro: Forense, 1994.

_____. *A História da sexualidade III: o cuidado de si.* Rio de Janeiro: Graal, 1985a.

_____. *Vigiar e punir.* Petrópolis: Vozes, 1985b.

_____. *História da sexualidade I: a vontade de saber.* Rio de Janeiro: Graal, 1984.

_____. *A microfísica do poder.* Rio de Janeiro: Graal, 1977.

FREUD, S. "Moral sexual civilizada e doença nervosa moderna". In: *Edição eletrônica brasileira de Obras psicológicas completas de Sigmund Freud*. Vol. X. Rio de Janeiro: Imago, 2000 (1908).

_____. "Sobre o narcisismo: uma introdução". In: *Edição bletrônica brasileira de Obras psicológicas completas de Sigmund Freud*, vol. XIV. Rio de Janeiro: Imago, 2000 (1914).

_____. "Sobre a transitoriedade". In: *Edição eletrônica brasileira de Obras psicológicas completas de Sigmund Freud*, vol. XIV. Rio de Janeiro: Imago, 2000 (1916 [1915]).

_____. "O Mal-estar na civilização". In: *Edição eletrônica brasileira de Obras psicológicas completas de Sigmund Freud*, vol. XXI. Rio de Janeiro: Imago, 2000 (1930).

_____. "Sexualidade feminina". In: *Edição eletrônica brasileira de Obras psicológicas completas de Sigmund Freud*, vol. XXI. Rio de Janeiro: Imago, 2000 (1931).

FURTADO, A. M. *Um corpo que pede sentido: um estudo sobre a mulher na menopausa*. Dissertação de mestrado. Departamento de Psicologia. PUC-Rio, 2000.

GEERTZ, C. *A interpretação das culturas*. Rio de Janeiro: Jorge Zahar, 1978.

GIFFORD, S. "Cosmetic surgery and personality change: a review and some clinical observations". In: GOLDWYN, R. (org.). *The result in plastic surgery*. Boston: Little Brown, 1984, pp. 87-101.

GILL, J. *Corpo, espaço e poder*. Lisboa: Litoral, 1988.

GILMAN, S. L. *Making the body beautiful: a cultural history of aesthetic surgery*. Nova Jersey: Princeton University Press, 1999.

GOES, F. & VILLAÇA, N. *Em nome do corpo*. Rio de Janeiro: Rocco, 1998.

GOFFMAN, E. *Stigmates: les usages sociaux des handicaps*. Paris: Éditions de Minuit, 1975.

GOLDENBERG, M. "A civilização das formas: o corpo como valor". In: GOLDENBERG, M. (org.). *Nu e vestido: dez antropólogos revelam a cultura do corpo carioca*. Rio de Janeiro: Record, 2002, pp. 19-39.

GROMANN, R. M. G. "A política do erotismo na maturidade feminina: um estudo sobre as relações entre os estados hipocondríacos e melancólicos". *Revista latino-americana de psicopatologia fundamental*, vol. X, n. 2. São Paulo: Associação Universitária de Pesquisa em Psicopatologia Fundamental, 2007.

KAC, E. *A-positive*. 2000. Disponível em: <http://www.ekac.org/kac2.html>. Acesso em: 26/6/2003.

KUPERMANN, D. "A fascinação da feiura". In: KATZ, C. S.; KUPERMANN, D. & Mosé, V. (orgs.). *Beleza, feiura e psicanálise*. Rio de janeiro: Contra Capa, 2004, pp. 39-48.

LACQUER, T. *La fabrique du sexe: essai sur le corps et le genre en Occident*. Paris: Gallimard, 1992.

LAURENT, E. "Alienação e separação I". In: FELDSTEIN, R.; FINK, B. & JAANUS, M. (orgs.). *Para ler o Seminário 11 de Lacan*. Rio de Janeiro: Jorge Zahar, 1997a.

_____. "Alienação e separação II". In: FELDSTEIN, R.; FINK, B. & JAANUS, M. (orgs.). *Para ler o Seminário 11 de Lacan*. Rio de Janeiro: Jorge Zahar, 1997b, pp. 42-51.

LE BRETON, D. *A sociologia do corpo*. Petrópolis: Vozes, 2006.

_____. *Antropologia del cuerpo y modernidad*. Buenos Aires: Nueva Visión, 2002.

_____. *Antropologie du corps et modernité*. Paris: PUF, 1990.

_____. *Corps et sociétés: essai de sociologie et anthropologie du corps*. Paris: Librairie des Meridiens, 1985.

LEVI, P. *Si c'est un homme*. Paris: Julliard/Pocket, 1987 (1947).

LÉVI-STRAUSS, C. *Antropologia estrutural*. São Paulo: Tempo Brasileiro, 2003.

LIPOVETSKY, G. *O império do efêmero*. Lisboa: Dom Quixote, 1989.

LOPES, J. J. *Ficções artístico-científicas*. Disponível em: <www.bocc.ubi.pt>. Acesso em: 12/8/2001.

MAISONNEUVE, J. *Modèles du corps et psychologie esthétique*. Paris: PUF, 1981.

MAISONNEUVE, J. & BRUCHON-SCHWEITZER, M. *Modelos del cuerpo y psicología estética*. Buenos Aires: Paidós, 1984.

MALYSSE, S. "A la recherche du corps ideal: culte féminin du corps dans la zone balnéaire de Rio de Janeiro". *Cahiers du Brésil contemporain*. Paris, n. 31, pp. 157-174, 1997.

MAUSS, M. "Les techniques du corps". In: *Sociologie et Anthropologie*. Paris: PUF, 1968 (1934), pp. 365-383.

MEDEIROS, S. *O belo e a morte: uma abordagem psicanalítica sobre a estética e o sujeito feminino*. Tese de Doutorado. Departamento de Psicologia. PUC-Rio, 2005.

MERLEAU-PONTY, M. *The phenomenology of perception*. Londres: Routledge, 1962.

_____. *Signes*. Paris: Gallimard, 1960.

NAHOUM, V. "Beauté, laideur". *Communications*, n. 60, 1995 (cópia mimeo).

_____. "La belle femme ou le stade du mirroir en histoire". *Communications*, n. 46, pp. 22-32, 1987 (cópia mimeo).

NOVAES, J. V. "Vale quanto pesa: sobre mulheres, beleza e feiura". In: CASOTTI, L.; SUAREZ, M. & CAMPOS, R. D. (orgs.). *Tempo da beleza: consumo, comportamento feminino, novos olhares*. Rio de Janeiro: Ed. Senac/L'oreal, 2008a.

_____. "Mulher e beleza: quem disse que beleza não é fundamental?" In: GOUVÊA, A. P. (org.). *Cine imaginarium. Imaginário e estética: da arte de fazer psicologia, comunicação e cinema*. Rio de Janeiro: Companhia de Freud, 2008b, pp. 183-201.

_____. "Sobre a tirania da beleza". *Revista Polêmica*, v. 18, 2007a. Disponível em: <http://www.polemica.uerj.br/pol18/oficinas/lipis_4.htm.>

_____. "Autorretrato falado: construções e desconstruções de si". *Latin american journal of fundamental psychopatology on line*, vol. 7, n. 2. São Paulo: Associação Universitária de Pesquisa em Psicopatologia Fundamental, 2007b. Disponível em: <http://www.fundamentalpsychopathology.org/journal/07-11/2-1_res.html>

_____. *O intolerável peso da feiura. Sobre as mulheres e seus corpos*. Rio de Janeiro: Ed. PUC-Rio/Garamond, 2006a.

_____. "Del culto del cuerpo perfecto a los tecnocuerpos". *Imago agenda*, n. 105. Buenos Aires: Letra Viva Libros, 2006b, p. 42.

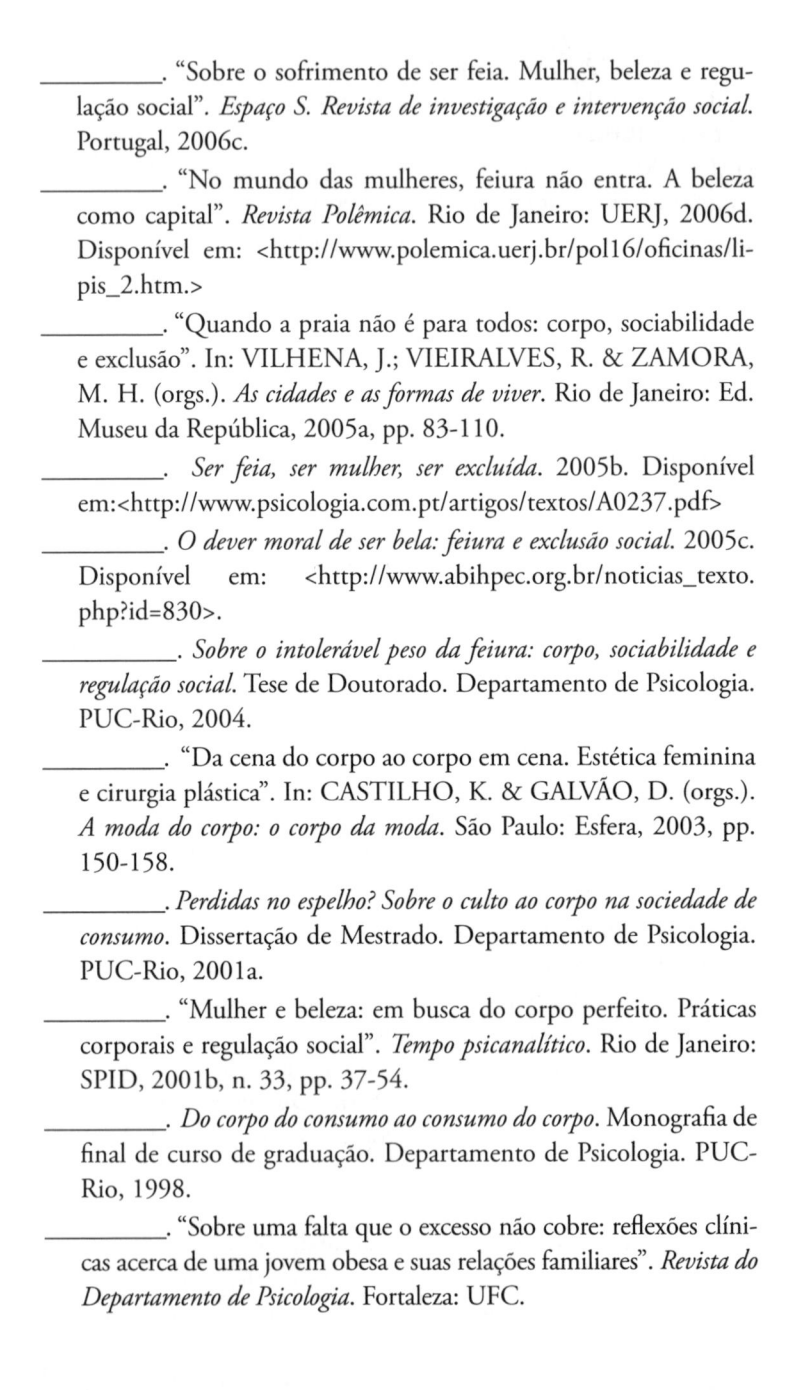

_____. "Sobre o sofrimento de ser feia. Mulher, beleza e regulação social". *Espaço S. Revista de investigação e intervenção social*. Portugal, 2006c.

_____. "No mundo das mulheres, feiura não entra. A beleza como capital". *Revista Polêmica*. Rio de Janeiro: UERJ, 2006d. Disponível em: <http://www.polemica.uerj.br/pol16/oficinas/lipis_2.htm.>

_____. "Quando a praia não é para todos: corpo, sociabilidade e exclusão". In: VILHENA, J.; VIEIRALVES, R. & ZAMORA, M. H. (orgs.). *As cidades e as formas de viver*. Rio de Janeiro: Ed. Museu da República, 2005a, pp. 83-110.

_____. *Ser feia, ser mulher, ser excluída*. 2005b. Disponível em:<http://www.psicologia.com.pt/artigos/textos/A0237.pdf>

_____. *O dever moral de ser bela: feiura e exclusão social*. 2005c. Disponível em: <http://www.abihpec.org.br/noticias_texto.php?id=830>.

_____. *Sobre o intolerável peso da feiura: corpo, sociabilidade e regulação social*. Tese de Doutorado. Departamento de Psicologia. PUC-Rio, 2004.

_____. "Da cena do corpo ao corpo em cena. Estética feminina e cirurgia plástica". In: CASTILHO, K. & GALVÃO, D. (orgs.). *A moda do corpo: o corpo da moda*. São Paulo: Esfera, 2003, pp. 150-158.

_____. *Perdidas no espelho? Sobre o culto ao corpo na sociedade de consumo*. Dissertação de Mestrado. Departamento de Psicologia. PUC-Rio, 2001a.

_____. "Mulher e beleza: em busca do corpo perfeito. Práticas corporais e regulação social". *Tempo psicanalítico*. Rio de Janeiro: SPID, 2001b, n. 33, pp. 37-54.

_____. *Do corpo do consumo ao consumo do corpo*. Monografia de final de curso de graduação. Departamento de Psicologia. PUC-Rio, 1998.

_____. "Sobre uma falta que o excesso não cobre: reflexões clínicas acerca de uma jovem obesa e suas relações familiares". *Revista do Departamento de Psicologia*. Fortaleza: UFC.

NOVAES, J. V.; VILHENA, J. & LEMGRUBER, M. "Sexualidade feminina e envelhecimento: apenas uma questão cirúrgica? Algumas considerações acerca das cirurgias estéticas ginecológicas". *Revista Polêmica*, n. 23. Rio de Janeiro: UERJ, 2008, pp. 18-30. Disponível em: <http://www.polemica.uerj.br/pol23/oficinas/LIPIS_1/lipis_1_1.htm>.

NOVAES, J. V. & MEDEIROS, S. "A mulher e o pecado". In: VILHENA, J. & ZAMORA, M. H. (orgs.). *As cidades e as formas de viver II: religiões, fé e fundamentalismos*. Rio de Janeiro: Ed. Museu da República, 2007.

NOVAES, J. & VILHENA, J. "Dormindo com o inimigo: mulher, feiura e a busca do corpo perfeito". *ComCiência*, n. 78, 2006. LABJOR UNICAMP/SBPC. Disponível em: <http://www.comciencia.br/comciencia/handler.php?section=8&edicao=15&id=144>

_____. "Enfermedades de la belleza: la fealdad intolerable". *Psicoanálisis y el Hospital*, v. 12, n. 24. Buenos Aires: Psichos, 2003a, pp. 38-43.

_____. "De Cinderela à Moura-Torta: sobre a relação mulher, beleza e feiura". Interações, v. III, n. 15. São Paulo: Unimarco, 2003b, pp. 9-36.

NUNES, S. "De menina a mulher, impasses da feminilidade na altura contemporânea".In: *Estados Gerais da Psicanálise*. Segundo Encontro Mundial. Rio de Janeiro, 2003.

_____. *O corpo do diabo entre a cruz e a caldeirinha: um estudo sobre a mulher, o masoquismo e a feminilidade*. Rio de Janeiro: Civilização Brasileira, 1999.

ORTEGA, F. "Práticas de ascese corporal e constituição de bioidentidades". *Cadernos Saúde coletiva*, pp. 59-77. Rio de Janeiro, 2003.

PAGÈS, M. "Corporéités sexuées: jeux et enjeux". In: BLÖSS, T. (org.). *La dialectique des rapports homes-femmes*. Paris: PUF, 2001.

PERROT, P. "La verité des apparences ou le drame du corps bourgeois (XVIII e – XIXe)". *Cahiers internationaux de sociologie*, vol. LXXVI, 1990, p. 185 (cópia mimeo).

_____. *Le corps feminin: le travail des apparences, XVIII – XIX siècle*. Paris: Éditions du Seuil, 1984.

REMAURY, B. *Le beau sexe faible: les images du corps féminin entre cosmétique et santé*. Paris: Grasset & Fasquelle, 2000.

REPPETO, G. "Histórico da obesidade". In: HALPERN, A.; GODOY DE MATOS, A. F.; SUPLICY, H. L.; MANCINI, M. C. & ZANELLA, M. T. (orgs.). *Obesidade*. São Paulo: Lemos, 1998, pp. 3-13.

ROCHA, L. *Tudo que é sólido se desmancha em mim: considerações acerca do sujeito na obesidade mórbida*. Tese de doutorado. Departamento de Psicologia. PUC-Rio, 2010.

RODRIGUES, J. C. *O corpo na história*. Rio de Janeiro: Editora Fiocruz, 1999.

_____. "O corpo liberado". In: STROZEMBERG, I. (org.). *De corpo e alma*. Rio de Janeiro: Contemporânea, 1986, pp. 90-100.

_____. *Tabu do corpo*. Rio de Janeiro: Fiocruz, 1979.

ROUDINESCO, E. & PLON, M. *Dicionário de psicanálise*. Rio de Janeiro: Jorge Zahar, 2000.

ROUET, M. *L'Esthétique corporel*, 1978 (cópia mimeo).

RUBINSTEIN, H. *The art of feminine beauty*. Nova York: Liveright, 1930.

SABBAH, F. A. *La mujer en el inconsciente musulmán*. Madri: Ediciones del Oriente y del Mediterráneo,1986.

SAFATLE, Vladimir. *Cinismo e falência da crítica*. São Paulo: Boitempo, 2008.

SAMACHER, R. "Le corps contemporain (biotechnologique) entre création et psychopathologie clinique: le corps machine dans la psychose". *Colóquio Internacional: o corpo contemporâneo: psicanálise, cultura e criação*. Univ. Santa Úrsula, PUC-Rio e Univ. Paris VII. 29 e 30 de outubro de 2007. USU e PUC-Rio (cópia mimeo)

SANT'ANNA, D. B. "Cuidados de si e embelezamento feminino: fragmentos para uma história do corpo no Brasil". In: SANT'ANNA, D. B. (org.). *Políticas do corpo: elementos para uma história das práticas corporais*. São Paulo: Estação Liberdade, 1995, pp. 121-140.

SANTOS A. *Nas praias do mundo sem fim mães e crianças brincam*. Tese de doutorado. Departamento de Psicologia. PUC-Rio, 2005.

SAUSSE, S. "Corps contemporains: création et faits de culture. Le corps extrême: corps inhumain, corps posthumain ou corps trop humain?" In: *Latin american journal of fundamental psychopatology on line*, vol. 5, n.1, pp. 9-18, 2008.

SHILLING, C. *The body and social theory*. Londres: Thousand Oaks; Nova Déli: Sage. 1993.

SIBÍLIA, P. *O homem pós-orgânico: corpo, subjetividade e tecnologias digitais*. Rio de Janeiro: Relume Dumará, 2003.

SILVA JR., N. *Estudo comparativo internacional das marcas corporais autoinfligidas à luz dos laços sociais contemporâneos*. Projeto de pesquisa. USP/UNRENNES, 2008.

SIMMEL, G. "Individual and society in eighteenth and nineteenth century views of life". In: WOLFF, N. (org.). *The sociology of Georg Simmel*. Nova York: The Free Press, 1950.

STELARC, P. "Das estratégias psicológicas às ciberestratégias: a protética, a robótica e a existência remota". In: DOMINGUES, D. (org.). *A arte no século XXI: a humanização das tecnologias*. São Paulo: UNESP, 1997, pp. 45-48.

STROZEMBERG, I. *De corpo e alma*. Rio de Janeiro: Contemporânea, 1986.

TUCHERMAN, I. "Forever young: a juventude como valor contemporâneo". *Revista Logos*, ano XI, n. 21. Rio de Janeiro: UERJ, 2004, pp. 134-150.

VIEIRALVES, R. "Muitos olhares para o Rio de Janeiro". In: VIEIRALVES, R. et al. *Rio 40 graus: beleza e caos*. Rio de Janeiro: Quartet, 2002, pp. 9-13.

VIGARELLO, G. *História da beleza: o corpo e a arte de se embelezar, do Renascimento aos dias de hoje*. Trad. Léo Schlafman. Rio de Janeiro: Ediouro, 2006.

VILHENA, J. "Palavras sufocadas... atos desesperados. Violência, lei e subjetivação". *Latin American Journal of Psychopathology on line*, vol. 5, n. 2, pp. 241-252, 2008.

_____. "A violência da cor. Sobre racismo, alteridade e intolerância". *Revista Psicologia Política*, vol. VI, n. 12. FAFICH, UFMG, 2007, pp. 391- 413.

_____. "Vida de tira: representações da violência e da transgressão na Polícia Civil do Rio de Janeiro". *Cadernos de Psicologia*. *Série Clínica*, n. 10. Rio de Janeiro: UERJ, 1999, pp. 117-151.

_____. *O imaginário da Polícia Civil: representações da violência e transgressão na Polícia Civil do Rio de Janeiro*. Relatório final de pesquisa. Rio de Janeiro: FAPERJ, 1993.

VILHENA, J. & NOVAES, J. V. "O corpo e suas narrativas: culto ao corpo e envelhecimento feminino". *Psychologica*, n. 50. Coimbra, 2010, pp. 85-96.

_____. "Un corps à la recherche d'un logement: corps, violence et médecin". In: *Le corps contemporain: créations et faits de culture*. Paris: L'Harmatan, 2009, pp. 113-136.

VILHENA, J.; NOVAES, J. V. & ROCHA, L. "Comendo, comendo e não se satisfazendo – apenas uma questão cirúrgica? Obesidade mórbida e o culto ao corpo na sociedade contemporânea". *Revista mal-estar e subjetividade*, v. 8, n. 2, pp. 379-406, 2008.

VILHENA, J.; MEDEIROS, S. & NOVAES, J. V. "Médios de comunicación, estética y valor económico". *Psychoanalysis y el hospital*, n. 29. Buenos Aires, 2006, pp. 67-73.

_____. "A violência da imagem: estética, feminino e contemporaneidade". *Revista mal-estar e subjetividade*, vol. 6, n. 2. Fortaleza: UNIFOR, 2005.

VILHENA, J. & MEDEIROS, S. "Os fundamentos do mal". *Ciência hoje*, vol. 33, n. 198. Rio de Janeiro: SBPC, 2003, pp. 59-61.

_____. "Mídia e perversão". *Ciência hoje*, vol. 31, n. 183. Rio de Janeiro: SBPC, 2002, pp. 28-31.

VILHENA, J. & SANTOS, A. "Clínica psicanalítica com comunidades. Um desafio contemporâneo". *Cadernos do tempo psicanalítico*, n. 32. Rio de Janeiro: SPID, 2000, pp. 9-35.

WACQUANT, L. *Os condenados da cidade: estudos sobre marginalidade avançada*. Rio de Janeiro: Revan; FASE, 2001.

WOLF, N. *O mito da beleza*. Rio de Janeiro: Rocco, 1992.

ZAMORA, M. H. *Textura áspera: confinamento, sociabilidade e violência em favelas cariocas*. Tese de Doutorado. Rio de Janeiro: PUC-Rio, 1999.

Este livro foi impresso em outubro de 2010, na Gráfica Edelbra, em Erechim. O papel de miolo é o offset 75g/m² e o da capa é o cartão 250g/m². A família tipográfica utilizada no miolo é a Garamond.